思想的・睿智的・獨見的

經典名著文庫

學術評議

丘為君　吳惠林　宋鎮照　林玉体　邱燮友
洪漢鼎　孫效智　秦夢群　高明士　高宣揚
張光宇　張炳陽　陳秀蓉　陳思賢　陳清秀
陳鼓應　曾永義　黃光國　黃光雄　黃昆輝
黃政傑　楊維哲　葉海煙　葉國良　廖達琪
劉滄龍　黎建球　盧美貴　薛化元　謝宗林
簡成熙　顏厥安（以姓氏筆畫排序）

策劃　楊榮川

五南圖書出版公司 印行

經典名著文庫

學術評議者簡介（依姓氏筆畫排序）

- 丘為君　美國俄亥俄州立大學歷史研究所博士
- 吳惠林　美國芝加哥大學經濟系訪問研究、臺灣大學經濟系博士
- 宋鎮照　美國佛羅里達大學社會學博士
- 林玉体　美國愛荷華大學哲學博士
- 邱燮友　國立臺灣師範大學國文研究所文學碩士
- 洪漢鼎　德國杜塞爾多夫大學榮譽博士
- 孫效智　德國慕尼黑哲學院哲學博士
- 秦夢群　美國麥迪遜威斯康辛大學博士
- 高明士　日本東京大學歷史學博士
- 高宣揚　巴黎第一大學哲學系博士
- 張光宇　美國加州大學柏克萊校區語言學博士
- 張炳陽　國立臺灣大學哲學研究所博士
- 陳秀蓉　國立臺灣大學理學院心理學研究所臨床心理學組博士
- 陳思賢　美國約翰霍普金斯大學政治學博士
- 陳清秀　美國喬治城大學訪問研究、臺灣大學法學博士
- 陳鼓應　國立臺灣大學哲學研究所
- 曾永義　國家文學博士、中央研究院院士
- 黃光國　美國夏威夷大學社會心理學博士
- 黃光雄　國家教育學博士
- 黃昆輝　美國北科羅拉多州立大學博士
- 黃政傑　美國麥迪遜威斯康辛大學博士
- 楊維哲　美國普林斯頓大學數學博士
- 葉海煙　私立輔仁大學哲學研究所博士
- 葉國良　國立臺灣大學中文所博士
- 廖達琪　美國密西根大學政治學博士
- 劉滄龍　德國柏林洪堡大學哲學博士
- 黎建球　私立輔仁大學哲學研究所博士
- 盧美貴　國立臺灣師範大學教育學博士
- 薛化元　國立臺灣大學歷史學系博士
- 謝宗林　美國聖路易華盛頓大學經濟研究所博士候選人
- 簡成熙　國立高雄師範大學教育研究所博士
- 顏厥安　德國慕尼黑大學法學博士

經典名著文庫103

歷史學家的技藝

馬克・布洛赫 著
張和聲 譯

經典永恆・名著常在

五十週年的獻禮・「經典名著文庫」出版緣起

總策劃 楊榮川

五南，五十年了。半個世紀，人生旅程的一大半，我們走過來了。不敢說有多大成就，至少沒有凋零。

五南忝爲學術出版的一員，在大專教材、學術專著、知識讀本出版已逾壹萬參仟種之後，面對著當今圖書界媚俗的追逐、淺碟化的內容以及碎片化的資訊圖景當中，我們思索著：邁向百年的未來歷程裡，我們能爲知識界、文化學術界做些什麼？在速食文化的生態下，有什麼值得讓人雋永品味的？

歷代經典．當今名著，經過時間的洗禮，千錘百鍊，流傳至今，光芒耀人；不僅使我們能領悟前人的智慧，同時也增深加廣我們思考的深度與視野。十九世紀唯意志論開創者叔本華，在其〈論閱讀和書籍〉文中指出：「對任何時代所謂的暢銷書要持謹慎的態度。」他覺得讀書應該精挑細選，把時間用來閱讀那些「古今中外的偉大人物的著作」，閱讀那些「站在人類之巔的著作及享受不朽聲譽的人們的作品」。閱讀就要「讀原著」，是他的體悟。他甚至認爲，閱讀經典原著，勝過於親炙教誨。他說：

> 「一個人的著作是這個人的思想菁華。所以，儘管一個人具有偉大的思想能力，但閱讀這個人的著作總會比與這個人的交往獲得更多的內容。就最重要的方面而言，閱讀這些著作的確可以取代，甚至遠遠超過與這個人的近身交往。」

爲什麼？原因正在於這些著作正是他思想的完整呈現，是他所有的思考、研究和學習的結果；而與這個人的交往卻是片斷的、支離的、隨機的。何況，想與之交談，如今時空，只能徒呼負負，空留神往而已。

三十歲就當芝加哥大學校長、四十六歲榮任名譽校長的赫欽斯（Robert M. Hutchins, 1899-1977），是力倡人文教育的大師。「教育要教眞理」，是其名言，強調「經典就是人文教育最佳的方式」。他認爲：

> 「西方學術思想傳遞下來的永恆學識，即那些不因時代變遷而有所減損其價值

的古代經典及現代名著，乃是眞正的文化菁華所在。」

這些經典在一定程度上代表西方文明發展的軌跡，故而他爲大學擬訂了從柏拉圖的《理想國》，以至愛因斯坦的《相對論》，構成著名的「大學百本經典名著課程」。成爲大學通識教育課程的典範。

歷代經典・當今名著，超越了時空，價值永恆。五南跟業界一樣，過去已偶有引進，但都未系統化的完整舖陳。我們決心投入巨資，有計畫的系統梳選，成立「經典名著文庫」，希望收入古今中外思想性的、充滿睿智與獨見的經典、名著，包括：

- 歷經千百年的時間洗禮，依然耀明的著作。遠溯二千三百年前，亞里斯多德的《尼各馬科倫理學》、柏拉圖的《理想國》，還有奧古斯丁的《懺悔錄》。
- 聲震寰宇、澤流遐裔的著作。西方哲學不用說，東方哲學中，我國的孔孟、老莊哲學，古印度毗耶娑（Vyāsa）的《薄伽梵歌》、日本鈴木大拙的《禪與心理分析》，都不缺漏。
- 成就一家之言，獨領風騷之名著。諸如伽森狄（Pierre Gassendi）與笛卡兒論戰的《對笛卡兒沉思錄的詰難》、達爾文（Darwin）的《物種起源》、米塞斯（Mises）的《人的行爲》，以至當今印度獲得諾貝爾經濟學獎阿馬蒂亞・

森（Amartya Sen）的《貧困與饑荒》，及法國當代的哲學家及漢學家余蓮（François Jullien）的《功效論》。

梳選的書目已超過七百種，初期計劃首爲三百種。先從思想性的經典開始，漸次及於專業性的論著。「江山代有才人出，各領風騷數百年」，這是一項理想性的、永續性的巨大出版工程。不在意讀者的眾寡，只考慮它的學術價值，力求完整展現先哲思想的軌跡。雖然不符合商業經營模式的考量，但只要能爲知識界開啓一片智慧之窗，營造一座百花綻放的世界文明公園，任君遨遊、取菁吸蜜、嘉惠學子，於願足矣！

最後，要感謝學界的支持與熱心參與。擔任「學術評議」的專家，義務的提供建言；各書「導讀」的撰寫者，不計代價地導引讀者進入堂奧；而著譯者日以繼夜，伏案疾書，更是辛苦，感謝你們。也期待熱心文化傳承的智者參與耕耘，共同經營這座「世界文明公園」。如能得到廣大讀者的共鳴與滋潤，那麼經典永恆，名著常在。就不是夢想了！

二〇一七年八月一日　於

五南圖書出版公司

導讀

本書的正確翻譯名稱應爲：爲歷史或歷史學家道歉（Apologie pour l’histoire ou metier d’historien），作者主要思索史學三大問題：歷史的考察、考證、分析。全書舉例甚多以闡述主題爲要，由於本書尚未完稿，作者便已逝去，而內文博大精深，因此本文試圖詮釋、歸納分析其著作眞諦。

在認識論和歷史中，史學方法是指史學家工作過程、手段、規則和背景的所有思考。它試圖解釋史學家如何產生歷史解釋，確定被認爲的道德操守方法，或至少是有效的方法。史學方法包括確定歷史事件的原因及其後果。

資料研究和考查

如詞源學所指出的那樣，歷史首先是一項考查。只讀古人留下的文字紀錄是不足以知道發生事件全部面貌，因爲它沒有反映整個歷史眞實情況；另一方面，它們可能是部分或全部虛假或歪曲資訊。此外，資料的研究和考證不應僅限於書面資料，這將是太過於簡單也太過侷限了。

布洛赫（Marc Bloch）說：「沒有一個埃及學家看過拉美西斯，沒有一個研究拿破崙戰爭的專家聽過奧斯特里茨戰役的炮火聲。」我們只能透過目擊者的紀錄來敘述以往的史實，換言之，與對現在的了解相反，對過去的了解必然是間接的。

資料來源

資料來源，不限於敘述性來源，即直接報導所發生事件的來源（例如中世紀編年史或報紙文章）。歷史學家還得益於一個更大的資料庫：檔案來源。這些檔案包括所有檔案，其主要目的不是提供歷史資料。因此，人民繳納皇家稅和一定數額的稅款都有列表，其在歷史意圖上並不是有意的。但可以讓我們了解舊制度下的財富等級。

在開始閱讀資料來源之前，歷史學家一直在思考能夠解答歷史問題的檔案。這個問題將決定來源。普羅斯特（Antoine Prost）用一幅美麗的畫面概括了這一想法：「歷史學家不會隨意放下拖網，看它是否會捕魚，以及誰會捕魚。」

現有資料來源的範圍不斷擴大，如果長期以來研究都是以書面資料爲基礎的，歷史學家現在正在做所有事情。費弗爾（Lucien Febvre）寫道：「歷史可能是以書面資料爲基礎的，但如果沒有書面檔案，就必須在沒有書面檔案的情況下進行。歷史學家的聰明才智可以讓他用來製作他的蜂蜜，而不是平常的花朵。……在歷史學家的工作中，最令人興奮的一部分，難道不是一直在努力讓沉默的事物說話嗎？」爲了理解土地景觀和結構的演變情況，布洛赫研究了十九世紀的地籍。同樣地，考古學提供了與傳統來源相比的獨特數據。

資料來源考證

歷史學家從來沒有理所當然地認爲所得到的資料來源是沒有問題的，他們必須對資料來源抱持著批判態度。這種懷疑也是這個行業的一個特點。我們必須向毛里斯（Mauristes）和博爾蘭主義（Bollandistes）僧侶致敬，因爲他們爲十七世紀的歷史辨僞正誤奠定了基礎。有條不紊的學院派歷史學家朗格羅瓦（Langlois）和瑟諾博斯（Seignobos）採用這些規則，但其缺陷主要涉及書面證詞。

布洛赫認爲在所有歪曲證據的毒素中，最致命的莫過於有意作僞。作僞有二種形式，第一種是假冒作者和年代，用法律語言來說就是僞證罪；第二種形式是內容的不實。《高盧戰記》的作者是沒有爭議的，但凱撒有意識地在書中歪曲和隱瞞了大量事實。

因此，它們區分不同類型的考證：

1. 外部考證涉及該檔案的字元，如紙張、墨水、書寫和印章。因此，一封被稱爲十二世紀的紙張信件肯定是假的，因爲當時人們寫在羊皮紙上。這種考證需要有古文字學、紋章、年代、外交和金石學方面的知識。

2. 內部考證是基於檔案的連貫性。顯然地，一二二五年下旬的菲利．奧古斯都憲章是僞造的，因爲這位法國國王於一二二三年去世。

3. 史料來源的考證觸及史料源頭的起源。歷史學家就證詞的眞實性和準確性得出結論。我們很清楚，一個官方歷史學家的歷史，往往誇大其王子的角色和品質；因此，我們對他說的話存有懷疑。同樣地，一個參與者撰寫關於一場戰爭的敘述，與五〇年後出生的男子的敘述不一樣。

4. 範圍考證涉及文件的收件人。例如，一名省長在向內政部長彙報時，會傾向於盡量減少影響他所在部門的麻煩，以免他的上級把他看成一個不稱職的人。

關鍵方法也基於證詞的比較。當他們一致的時候，這是事實眞相的標誌；另一方面，當一個證人被其他幾個人反駁時，這意味著他撒謊或者是錯了。然而，其他證人也可能依賴同一錯誤的消息來源。

一旦證詞通過這個有條不紊的檔案被篩選出來，歷史學家就試圖解釋文字的含義，仍然需要扎實的歷史知識。如果無套褲漢在請願書中聲稱對小麥「徵稅」，那就不應該理解他們是在要求建立一種稅收，而應該是徵收的最高價格。對於業餘愛好者來說，某些詞語的意思可能導致誤解。

盎格魯—撒克遜史學使歷史學家對閱讀文章（新歷史主義、語言轉向）所能得出的結論持謹慎態度。

談論來源的新方法

這些批評的不同階段使我們相信，歷史學家的工作實際上是閱讀文本，找出並消除錯誤和不準確之處，以便發現實際發生的情況。這是一條捷徑，但掩蓋了歷史方法的豐富性。

搜索現在知道如何利用檔案，甚至是僞造的檔案。有時，檔案的含義比實際內容更多。一個非常主觀和有針對性的證詞提供有關證人陳述制度的資訊。因此，歷史學家並不總是旨在確定事實的眞實性。

與其他學科的交流，豐富了歷史學家的方法。社會學或經濟在傳播統計資料方面發揮了重要作用。歷史學家們就在他們的推動下，形成了價格曲線、死亡率曲線和生產曲線。這是他們工作中的一場革命，因爲這些連貫（或定量）方法表明，和輿論的看法相反，歷史事實並非一成不變，有時是建立這些事實。另一項貢獻是語言學，它通過搜索裡面的關鍵字來閱讀發言。透過對詞彙的分析，一些團體（共產主義者，共濟會……）的意識形態及其思想演變，變得更加突出、清楚。

歷史事實的連結

從他的消息來源，歷史學家揭露了事實，然後他試圖重新組合那些看起來像是他父母或者屬於同一主題的人。每一個歷史事實都有一個或多個原因，歷史學家必須發現這些原因。儘管歷史的某些方面所面臨的挑戰較少，但這項任務有若干困難：文化歷史或主題——尤其是繪畫——需要更多的描述，而不是尋找原因。在其他情況下，確定因素非常重要，歷史學家利用他的判斷、想像力或經驗。這是一種不科學的方法（歷史不是一種精確的科學，而是一種人文科學），需要採取一些預防措施，並提醒人們注意一些警告。

首先，我們很難代替過去的人，因爲他們生活在與我們不同的文化和社會環境中，也不像我們想像的那樣。在這方面，費弗爾（Febvre）建議歷史學家不要相信「心理不合時宜」。在我們看來不合理的行爲，在過去似乎是合理的，因此需要充分了解當時人民的代表制度。

第二項預防措施是查明原因的複雜性。從來沒有一個原因是一個事件，而是一個多方面的事件，其中一些是導火線（謀殺奧地利大公是第一次世界大戰的導火線），另一些則是更廣泛的背景（如二十世紀初民族主義的興起）。由於強烈的外交環境，其中一些是決定性的，另一些則是軼事。讓我們承認，沒有一個歷史學家能夠自稱確定一個事實的所有歷史因素，並確定每個因素的重要性。

第三，歷史不應陷入意識形態歷史。事實上，歷史學家處於一種特殊的境況，他知道會發生什麼。讓我們舉一個研究者的例子，他描述了法國（一九四〇年）對德國的戰役。知道最後的失敗，他冒著堅持法國軍隊弱點的風險，這是一種有偏見的解讀。法國軍隊有其優勢，忽視它們等於掩蓋了歷史現實的一部分。

最後，布洛赫說，「歷史上的原因和其他原因都不存在。他們在互相尋找。」實際上，歷史學家有時會陷入困境。有多少次讀到一個國王參戰，因爲他的軍隊規模較小而戰敗？這是可能的，但我們在歷史上看到，國王們儘管在人數上處於劣勢，但還是贏得了戰爭。如果國王因此而失敗，那麼歷史學家必須證明它，而不是假定它。

真相的意圖

在十九世紀，德國人蘭克（Ranke）解釋說，歷史的使命是「如實直書」。換言之，任何歷史紀錄的規則都是尊重事實的眞相，希羅多德也早已說過「如實記載」。爲此，歷史學家要用大量的證據表示嚴謹。一般而言，一篇文章或一篇歷史論文都有註腳，作者在註腳中提供資料來源的參考資料（存檔編號或舊書的標題）或提到其同事的作品。因此，讀者必須設法核實歷史學家的論點，至多可以找到註腳中提到的來源，或在該書的附錄中重述。

由於對眞相的要求，歷史學家被要求客觀。讓我們承認這是一廂情願的想法。在任何人文科學研究中，無論是自願還是無意識，研究人員都會自行傳遞一部分。馬羅（Marrou）列舉了歷史著作的所有主觀要素：主體的選擇和畫分、所提出的問題、所採用的概念、關係的類型、解釋系統，以及每個人的相對價值。懷特（White）堅持了研究者不可能客觀的想法，就像小說家一樣，每個歷史學家都有自己的世界觀。

普羅斯特（Prost）在其歷史思考中傾向於使用「距離和公正」，而不是客觀性。歷史學家必須表現出知識分子的誠實。具體來說，這意味著拋開自己的觀點，壓制相互衝突的論點。歷史學家並不評判歷史現象和人物（這是好的，這是壞的），而是試圖理解這些現象和人物。當研究者解決道德上應受譴責的問題時，這種態度並非沒有在公眾輿論中造成某種不理解：納粹主義、奴隸制、殖民化。因爲在某些人看來，試圖理解是有道理的。

這種對眞理的追求始終是不完美的，對於所有試圖確定事實和理解人類行爲意義的科學（即解釋學科學或精神科學）來說也是如此。一方面，因爲歷史學家從來沒有任何資料可以顯示事件。這些檔案不是已經不存在（有多少檔案因一九四四年的轟炸而佚失），就是根本不存在。另一方面，沒有人能自稱掌握決定的所有來源、所有的動機、所有的非理性。在歷史作品中，假設往往與確定性共存。因此，哲學家里克．烏爾（Ric ur）對歷史學家所說的眞實性和他所寫的「眞理的意圖」的說法做了微調。眞相是一個目標，而不是歷史性言論。

對馬羅（Marrou）來說，毫無疑問地，歷史學家必然是一位優秀的作家。因此，歷史可以被視爲一種文學體裁，但也要傳達打破敘述邏輯過程的眾多因素：矛盾論文的提出、假設的發展、概念的插入和解釋、統計的評論，對一個來源的不完美，這是一種非常重要的信息。認識到有時候歷史學家不會爲這些複雜因素而煩惱，以免給讀者帶來厭惡。在這種情況下，報紙文章與歷史文章之間的區別已不再明顯。

敘事是最常見的歷史話語形式，它具有易於遵循的優點，特別是當你想要顯示事件序列時。序列通常按時間順序排列。然而，歷史學家很少在他的全部作品中使用敘述，他經常停留，以描繪社會或其主題的地理範圍。有時候，歷史學家在介紹其研究成果時偏愛這種表格形式。歷史學家有權展示他的研究成果，然後，歷史文本的組織將比按時間順序更具主題性。事實上，表格取決於所涉及的主題，一本關於羅馬城市規劃的書籍將採用這幅畫，一本關於聖路易斯的書籍將以敘述的形式出現。杜比（Duby）所撰寫的《布汶的星期日》（*Dimanche de Bouvines*）不是對布汶戰役的經典渲染，而是對一二一四年戰爭、和平與勝利意義的反思。

歷史意義

它是一個定義和影響過去事件的社會記憶的歷史編纂概念。歷史學家認爲日期和事件的知識是歷史的主要內容，或「一階知識」。他們把歷史意義作爲研究第一內容的一個方面，認爲它是第二或「二階知識」。然而，選擇、描述日期與事件的管道常常被用來賦予意義，而不承認偏見，正如邱吉爾（Churchill）和傅柯（Foucault）所說：「歷史是由勝利者書寫的。」

歷史意義是研究歷史的中心話題，它透過對當代文化的各種對象（郵票和鈔票上的影像、街道名稱等），研究它可以有效地指導學生，使他們了解文化背景如何影響歷史的感知和他們的偏好。

歷史意義通常是根據預先定義的標準來判斷事件。例如，聯合國教科文組織將任何遺址作爲世界遺產，前提是它「對一種文化傳統或一種文明，有著獨特的或至少是特殊的證明」。然而，這些標準往往是主觀的，感知上有偏見或不可用的。因此，將任何事件作爲歷史意義上重大或非重大的問題，仍然面臨挑戰。

劉增泉
書於淡江大學文學院研究室

譯者的話

武士弄墨，尚可附庸風雅；學者扛槍，只能歸咎於命運的殘酷。一九四四年六月十六日，年鑑學派的一代宗師馬克・布洛赫因參加反法西斯運動在里昂市郊被槍殺，噩耗傳出，西方史學界爲之震驚。

布洛赫並非著作等身的史學家，而屈指可數的幾部專著，如《法國農村史》、《封建社會》等，都堪稱別開生面的扛鼎之作。第二次世界大戰初期，法國便淪入敵手，在這極其困苦的時刻，布洛赫開始了《歷史學家的技藝》的寫作。在該書的卷首，他痛苦地寫道：「國難當頭，誰不感時傷世，草此小書，聊以排遣胸中的憂憤。」這是一部憤世之作，同時也是他一生史學思想的總結，可惜，書未殺青，作者卻齎志而歿了。戰後，布洛赫的好友費弗爾將殘存的遺稿整理成書，這部遺作方流傳於世。該書譯成漢語僅十萬餘言，其中頗多精義，爲後代年鑑學派發揚光大的總體史思想、長時段理論等均可在此找到源頭，爲此，有人將它稱爲「年鑑派史學的宣言書」。用他本人的話來說：「我所呈獻給讀者的，只不過是一位喜歡推敲自己日常工作的手藝人的工作手冊，是一位技工的筆記本。他長年擺弄直尺和水準儀，但絕不至於把自己想像成數學家。」話雖出於自謙，可也使人感到親切，書中沒有令人望而卻步的理論體系，只是些娓娓道來的治史心得。

為歷史學辯護

一門學科的存在需要辯護，足見其地位之不妙。「歷史有什麼用？」布洛赫曾遭到其幼子的質問，法國淪陷後，他的一位同事也發出類似的感慨。的確，當昔日的價值觀已被無情地拋棄，當人們一再無視歷史的教訓之時，歷史又有什麼用呢？作爲一個以治史爲天職的學者，布洛赫力圖在書中回答這個問題。

作者認爲，歷史自有其獨特的美感，它千姿百態，令人銷魂；史學以人類活動作爲特定的對象，它思接千載，視通萬里。至少，歷史具有娛樂的價值，總而言之，整個西方文明又都與它息息相關。一般來說，單純的愛好往往先於對知識的渴求，歷史自身的魅力引起人們的興趣，繼而激發人們進行深入的探討。而系統嚴謹的研究展開之後，其魅力也並不會因此大爲遜色，眞正的史學家都能證明，無論研究進行到何種深度，都可以感受到這種魅力。但是，這一魅力並不能成爲歷史學存在的唯一理由，因爲賣弄學問並不是知識分子所應追求的東西，絕不能像打橋牌那樣來「玩」歷史。儘管這個可悲的世界可以爲科技的進步而自豪，卻沒有爲人類自身創造多少幸福，「當今之世已不容純粹的娛樂，哪怕它是有益心智的娛樂」。如果一門科學最終不能改善人們的生活，其形象就會顯得不那麼完美。而且，這一點更讓史學家受到特殊的壓力，因爲史學的主題正是人類本身及其行爲。歷史研究的最終目的顯然在於增進人類的利益，人們幾乎本能地要求歷史指導現實行動。因此，一旦歷史在這方面無能爲力，他們就會感到憤慨，就會斥責歷史爲「無用」。但是，「歷史的『用途』（指嚴格的實用意義上的『用途』一詞），不應與嚴格意義上的歷史學的理智合法性混爲一談。」確實，歷史學無法提供解救燃眉之急的錦囊妙計，也不是醫百病的靈丹妙藥。然而，何爲「有用」，何爲「無用」？「無用」之物往往有大用，但在急功近利者的眼中也無非是屠龍之術而已。可見，歷史學受到冷遇也是不難理解的了。

布洛赫指出，即使歷史學不具備任何實用的功能，它也有充分的理由躋身於科學之列，但就目前而言，「這位知識領地的新到者尙處於搖籃之中」。雖然，史學已存在千年之久，但長期以來以政治、軍事重大事件爲內容的敘述史始終是史學的主流。進入十九世紀之後，實證主義思潮獨步一時，歷史學也迷戀於孔德有關自然科學的觀念。人們似乎認爲，若不能最終提出如同幾何學一般精確的公式，就算不上眞正的科學。爲此，布洛赫提醒人們，要防止近代以來習以爲常的學問和經驗主義的濫用，即使一門學科不具備歐幾里得式的論證或亙古不易的定律，也無損其科學的尊嚴。一成不變的思想模式原是從自然科學那裡引進的，沒有必要再把它強加給每一門學科，因爲即使在自然科學界，這種模式也不再通行無阻了。作爲一門注重理性分析的科學，歷史學還十分年輕，「在一系列最爲關鍵的方法問題上，史學尙未超出初步的嘗試性摸索階段」。儘管如此，歷史學沒有必要捨棄自身的特色，更不必因其特色而自慚形穢。史學的不確定性正是史學存在的理由，它將展示不斷更新的歷史研究的前景，只要不懈地努力實現自身的價值，史學的不完善性與完美無瑕的成功都同樣富有魅力。對眞正的史學家來說，耕耘時的喜悅未必亞於收獲時的歡欣。

由古知今、由今知古

要了解現實就必須超越現實，要探討歷史亦不可囿於歷史。古今之間的關係是雙向的，對現實的曲解往往源於對歷史的無知，而對現實漠然無知的人，要了解歷史也必定是徒勞無功的。布洛赫一再強調：「史學家必須與全部生活之源泉——現在——保持不斷的接觸。」書中記載了比利時歷史學家皮雷納的一樁逸事，在斯德哥爾摩遊覽時，皮雷納主張先參觀新落成的市政大廳，而面對同行驚愕的目光，他解釋道：「如果我是文物收藏家，眼睛就只會盯著那些古老的東西；可我是個歷史學家，我熱愛生活。」對此，布洛赫大為讚賞，他認為正是這種要求理解生活的欲望，才能反映出史學家最基本的素質。出色的歷史學家無不具備這種素質，儘管有時他們在表面上顯得有些冷漠。一位偉大的數學家，並不因其對現實的懵然無知而有所減色；而一位史學家，若對周圍有血有肉的現實生活漠不關心，那麼「應該稱之為古董迷，他還是明智一點，不要自稱為歷史學家比較好吧！」此一語正中要害。校園中的學子常戲稱歷史系的師生為「出土文物」，史學的圈內人也怡然以「老夫子」自居，殊不知這正是對歷史學的誤解。有人說，書齋就是歷史學的實驗室，而治史的靈感有時偏偏來自現實的啓示。歷史感的培養並非總是侷限於歷史本身，當今的知識、現實的生活往往以一定的方式更直接地幫助人們了解歷史。作者感慨地說，儘管在史著中他多次描繪過戰爭的場面，但直到親身經歷了第一次世界大戰之後，才談得上眞正理解「戰爭」的含義。湯因比自幼便熟讀古希臘的歷史著作，直到第一次世界大戰爆發，身處於那種曾激發修昔底德秉筆著史的轉折點，他才對修昔底德的《伯羅奔尼撒戰爭史》有了全新的領悟，深感古人先得我心，從而萌發撰寫《歷史研究》的志向。陳寅恪先生也有類似的描述：「寅恪僑寓香港，值太平洋之戰，扶疾人國，歸正首丘……回憶前在絕島，倉皇逃死之際，取一巾箱坊本《建炎以來系年要錄》，抱持誦讀，其汴京圍困屈降諸卷，所述人事利害之回環，國論是非之紛錯，殆及世態詭變之至奇。然其中頗復有不甚可解者，乃取當日身歷目睹之事，以相印證，則忽豁然心通意會。平生讀史四十年，從無此親切有味之快感，而死亡飢餓之苦，遂亦置諸度量之外矣。」（《陳述遼史補注序》）

由今可以知古，布洛赫因此提出「倒溯」的歷史研究法。他指出，人們以爲學者考察歷史的順序與事件發生的先後是完全一致的，而這其實是一種誤解。雖然學者事後會按歷史發展的實際方向來敘述史實，但在著手研究時，往往是由近及遠倒溯而上的。因爲，任何研究工作，其自然步驟通常都是從已知推向未知的。「爲了闡明歷史，史學家往往得將研究課題與現實掛鉤……只有通過現在才能窺見廣闊的遠景，捨此別無他途。當然，這並不意味著要把永遠靜止不變的景象強加給每個階段，史學家所要掌握的正是它在每個階段中的變化。但是，在歷史學家審閱的所有畫面中，只有最後一幅才是清晰可辨的，爲了重構已消逝的景象，他就必須從已知的景象入手，由今及古地伸出挖土機的鏟子。」讀到這裡，不禁使人想起馬克思那句至理名言：「人體解剖對於猴體解剖是一把鑰匙。」無怪乎，早在二十世紀四十年代，布洛赫就說過要把馬克思的塑像奉入革新派史學的先賢堂。

由今知古的目的還是爲了由古知今。「前事不忘，後事之師」之類的教誨早已被人說遍了，而值得注意的是，一種似是而非的觀點，它認爲歷史距今愈近愈有教育意義，愈遠則價值愈低。布洛赫一針見血地指出：這等於把人類演進過程視爲一系列突發事件的組合，忽視了許多牽制社會發展的惰性力量，事實上，那些廣泛而持久的發展所造成的強烈震盪完全可能是由古及今的。社會思潮的波動、技術的更新、社會經濟結構的變化，是左右人類命運的潛在因素，它對歷史的影響絕不亞於一次政變或戰爭，歷史上最深層的東西往往是最確鑿無疑的。「爲了正確把握當今世界，我們必須了解清教運動和天主教改革，又想了解那些距今不遠卻轉瞬即逝的思潮和情感。幾百年過去了，然而，誰敢斷言對現實來說，前者的重要性遠遠低於後者呢？」同樣，對當今世人來說，孔子的影響未必遜於雷鋒，我們從古代史籍中所獲得的啓示也絕不少於近現代的某些論著。時間的遠近不能成爲衡量歷史價值的標準，正如不能因爲月亮較近就斷言它對地球的影響比太陽還大一樣。對歷史做實用主義的裁斷，實質上是對歷史學變相的輕視。

由古知今，由今知古，古今參照，相得益彰。過去與現在之間並沒有絕對的界限，歷史研究可以分成各種專業，但切忌畫地爲牢。布洛赫認爲，若囿於一隅之見，「即使在你的研究領域內也只能得出片面的結論」，而「唯有總體的歷史才是眞歷史」。總體史的思想也是針對實證主義史學見木不見林的傾向而發的。以閱讀爲例，只有透過上下文才能確切地理解某個詞的含義，只有抓住全文的主旨才能掌握某章某節的論點；同樣，對全域的把握有助於對局部研究的深入，反之亦然。布洛赫提出的總體史思想，經第二代年鑑學派史學家的發揚光大，大大拓寬了史學的領域。然而，「求盡則盡無止境，責實則實無定指」（錢鍾書《史傳通說序》）。第三代年鑑派史學家卻對宗師的思想提出了質疑，「總體史顯然是沒有意義的，它是一種願望，標誌著一個方向」，只是「一種不明智的雄心」。可是，若無當年布洛赫的大膽設想，就很難想像會有年鑑派史學的累累碩果。總體史（Universal History）也未嘗不可譯成通古今之變的「通史」。事實上，大處著眼，小處著手，宏觀與微觀的結合正是當今史學工作者努力的方向。

「有意」的史料與「無意」的史料

布洛赫反對實證主義史學，但並不輕視史料考證工作，他本人就是一位擅長運用史料的中世紀史專家。他把史料分成「有意」和「無意」兩大類，前者指成文的歷史著述、回憶錄和公開的報導等，這類史料的原作者大都「有意」想以自己的文字左右時人和後人的視聽；後者指政府的檔案、軍事文件、私人信件及各種文物等，這都是當時的人們在無意中留下的證據。前者雖然具有相當的價值，但在歷史研究者看來，後者更爲可靠。若僅僅依靠「有意」的史料，當代史學家就會成爲前人思想的奴隸，成爲舊時代偏見的犧牲品。中世紀史專家就會得出農村公社無足輕重的結論，因爲當時的作家很少談及農村公社；現代學者就可能忽略中世紀強大的宗教勢力，因爲在當時的文獻中，這類記載所占的位置遠遠不及貴族戰爭。總之，注重無意的史料可以幫助後人考辨歷史的眞僞，塡補歷史的空白。當然，並不等於說這類史料是完全可靠的，但至少其製造者在主觀上並未想到欺騙世人或影響後代史學家的看法。

一個時代也如同一個人，並不願把自己及祖先的隱私全部抖摟出來，它有意將精心粉飾的形象公之於世，史官便是它的代言人。這就爲後人了解歷史眞相設下層層霧障，留下了種種千古之謎。隨著史學的進步，史學家已日益注重「無意」的史料，自覺地抵制「有意」史料的束縛。

布洛赫相當重視史料的辨僞正誤，本書就專闢一章探討史料的考證，其中既有對考據學歷史的縱覽，也有對考據方法具體而微的論述。布洛赫認爲，長期以來，史著的編纂者與考據學家似乎各行其道，前者蔑視後者的煩瑣，後者又嘲笑前者的空疏。他進而指出，一方面將史料整理與史書編纂完全割裂開來，會給史學帶來雙重的危害，輕視史料考證與「求實」這一史學基本準則相悖，使歷史學難以推陳出新；另一方面，把手段當做目的，爲考證而考證無非是虛擲光陰的博學遊戲。僅僅考辨史料的虛假只不過完成了一半的任務，還必須深入下去，進而揭示人們作僞的動機，其背後必有難言之隱值得進行研究，這樣，就可能得出一些全新的結論。況且，即便是僞造的史料也不是一無所取的，如中世紀作家曾撰寫了大量的「使徒行傳」，其中不乏子虛烏有之事，但是若把這些材料作爲反映作者所處時代的生活和思想資料來利用的話，其價值就無與倫比了。這又使人想起陳寅恪先生的一段精彩論述：「然眞僞者，不過相對問題，而最要在能審定僞材料之時代及作者而利用之。蓋僞材料亦有時與眞材料同一可貴。如某種僞材料，若逕認爲其依託之時代及作者之眞產物，固不可也；但能考出其作僞時代及作者，即據以說明此時代及作者之思想，則變爲一眞材料矣。」（《馮友蘭〈中國哲學史〉審查報告》）所謂史識，正在於能獨具慧眼，發現前人所不願透露的東西，化腐朽爲神奇。誠如布洛赫所言：「儘管歷史學只能通過昔日的『軌跡』來了解過去，我們對過去的了解還是要比它本身願意告訴我們的更多一些，這才是我們的成功之處。確切地說，這是精神對物質的輝煌勝利。」同時，他不無憤慨地指出，當今之世，弄虛作假、造謠惑眾之事盛行不衰；公眾對宣傳媒介的不信任，竟使口耳相傳這一古老的資訊傳遞方式得以奇跡般地復活。如今，「在學校的課程中居然沒有考據學的一席之地，實在令人感到可恥。」這眞是書生之見，區區考據學又豈能阻止世人的弄虛作假呢！

年鑑派史學與實證主義史學的根本區別，在於前者強調帶著問題去研究歷史，後者則推崇「史料即史學」的觀點。布洛赫指出，任何人研究歷史都是有目的的，開始時肯定有一種指導思想，而對一個新手的勸告，最糟的莫過於勸他耐心地在文獻中尋找靈感，因爲消極的考察絕不會對科學有所貢獻。「一份文獻如同一個見證人，就像大多數見證人那樣，只有在面對提問之時，他們才會予以說明。」如「電氣化」對人類歷史的意義遠遠大於某些政治事件，但史學界對此視若無睹，其原因並非缺乏這方面的資料，而是因爲歷史學家根本就沒去碰這些資料，該責怪的只是史學家自己。另一位年鑑學派大師費弗爾說得更爲明確：「提出問題是所有史學研究的開端和終結，沒有問題便沒有史學。」如今，以「問題史學」爲指導思想的史著已蔚爲大觀，這不能不使人歎服布洛赫等年鑑派先驅的遠見卓識。

以蘭克爲代表的實證史學曾高舉「如實直書」的大旗，爲歷史學的進步做出了不可磨滅的貢獻。年鑑學派是作爲蘭克學派的對立面出現在西方史壇上的，需要指出的是，他們反對實證主義的史學思想，但並不全盤否定史料的考證，矛頭指向那種把史料等同於史學的唯歷史的歷史觀。布洛赫等人的史學實踐表明，他們對史料的重視和運用史料的能力絕不亞於前一代史學家。可見，他們對蘭克學派的批判是一種「揚棄」，也正是在這個意義上，年鑑學派才標誌著西方史學的進步；反之，若是導致輕視史料、大發空論的批判，就難免使人發出今不如昔的感嘆。

評判還是理解？

「入史局須手硬」，故常把史家喻爲法官。不畏權勢的法官自古少見，剛正不阿的史官亦屈指可數，但其威風又何其相似，魏收就曾以掌有「舉之則使上天，按之則使入地」的史筆而自傲。這種心態並非東方人所獨有，布洛赫就指出，長期以來，史學家就像閻王殿裡的判官，對死人任情褒貶。人總是希望像上帝那樣判定此爲善、彼爲惡，史家在裁斷死人的是非時更是下筆無情。他提醒人們注意，褒貶前人要比理解他們容易得多，對歷史事件來龍去脈的探索，要比簡單的定性論斷難度更大，「我們對自己、對當今世界也未必十分有把握，難道就這麼有把握爲前輩判定是非善惡嗎？」空洞的評判，然後又是空洞的翻案，給史學蒙上一層反覆無常的外表，敗壞了史學的聲譽。將一個人、一個集團、一個時代的相對標準絕對化，並據此評判歷史人物的功過，只能得出荒唐的結論。

「『理解』才是歷史研究的指路明燈」，而脫離特定的歷史環境，就難以理解任何歷史現象，「正如古老的阿拉伯諺語所言，『與其說人如其父，不如說人酷似其時代』，無視這東方的智慧，歷史研究就會失眞」。歷史學家眞該放下假天使的架子，少一點評判，多一分理解，對古人表示一種同情。

在喧囂嘈雜的名利場合中，在你死我活的人生舞台上，史學家要求「理解」的呼聲是多麼微弱啊！當法西斯的鐵蹄步步逼近時，布洛赫預感到已無法用筆來爲歷史學辯護了，終於，他拿起了槍；結果，他死於槍彈。本來他有機會亡命英美，或許他可以袖手旁觀，獨善其身，那樣的話，可能會寫出更多的傳世之作，對此，人們惋惜不已。有人曾強調「學者以學術爲生命」，這固然是學者神聖的選擇，也未嘗不可作爲苟且偷生的遁詞。《麥田裡的守望者》中那位老於世故的教師曾言：「一個不成熟男子的標誌是他願意爲某種事業英勇地死去，一個成熟男子的標誌是他願意爲某種事業卑賤地活著。」不錯，但更多的成熟男子只是爲了活著而卑賤地活著。生亦吾所欲，義亦吾所欲，布洛赫做出了自己的選擇，我們應該「評判」還是「理解」呢？

「歷史有什麼用？」布洛赫的回答基本上是樂觀的，但誠如他在導言中所言：「當一個年邁的工匠捫心自問，花一生的精力從事這個行當是否值得之時，他心中難道不會產生一絲困惑嗎？」布洛赫心中的困惑，也未嘗不是古往今來許多史學大師心中的困惑。「愁極本憑詩遣興，詩成吟誦轉淒涼。」歷盡風霜才談得上看破紅塵，飽讀詩書才有資格說讀書無用，也只有以史學為天職的學者發自內心的疑問——歷史有什麼用？——才是最為深沉的。

一九九一年十二月於上海師大11宿舍

目錄

獻給呂西安・費弗爾

國難當頭，誰不感時傷世？草此小書聊以排遣心中的憂憤。如果此書能夠完成，如果它值得後人一讀，如果有朝一日它居然能夠出版，我的朋友，或許你將在扉頁的獻辭上發現另一個人的名字，而不是你的名字。欲言又止，只因似水柔情至深至聖，非言辭所能道明。你猜得出那該是誰，但我怎能聽任自己在注釋中偶爾提及你的大名呢？長期以來，我們曾共同致力於拓寬歷史學的領域，爲了使歷史學更富有人性而並肩努力。今天，這項共同的事業已岌岌可危，這不是我們的過錯，而是不公正的命運迫使工作中斷。但我堅信，我們定能自由公開地再度合作，這一天終將到來。同時，在我看來，合作仍在繼續，在本書的字裡行間，到處能感覺到你的存在。當年，我們切磋探討，推誠相見，眞是獲益匪淺，本書仍將體現這種活潑而和諧的韻味。書中確有一些看法是直接取自於你，坦率地說，還有許多論點已記不清是你的還是我的，或許是兩人共有的。我自以爲你會贊同我的做法，或許你會因此責備我，然而，無論是贊同還是責備，那也是你我之間的另一種緣分。

一九四一年五月十日寫於富葸爾（克勒茲）

有關本書手稿的一點說明

要將一部尚未殺青的手稿整理出版絕非易事。雖然其中一部分已交給打字員處理，顯然這部分書稿經過作者最後的潤色，已準備付梓，但承擔這項任務時我還是顧慮重重。然而，本書得以問世所帶來的喜悅已足以抵消那些顧慮。儘管該書有些殘缺，但仍不失爲一部扛鼎之作。

馬克·布洛赫和我一樣，一直希望能將自己的史學思想梳理成書。我時常不無遺憾地想到，在我們尚有時間的那些日子裡，本該互相合作，爲年輕的史學家寫一部像朗格羅瓦和瑟諾博斯那樣的《歷史研究法導論》，但那會是一部新的「導論」，將體現一種與前輩迥然不同的史學思想，它將是我們這一代史學家的宣言書。可惜，已經太晚了！然而當戰爭使布洛赫無法從事正常研究時，他卻孤軍奮戰，力圖實現我們反覆探討過的這個計劃。

「奇怪戰爭」時期，布洛赫在阿爾薩斯任軍事參謀，當時閒得無聊，心情又十分焦慮，某一天，他在一家小店買了一本學生用的筆記本。第一次世界大戰時，比利時歷史學家亨利・皮雷納曾被關押在德國的一個小村莊裡，他就是用這種筆記本寫了一部歐洲史。布洛赫在筆記本的第一頁寫上書名：

《歐洲文明結構中的法國社會史》

在後面幾頁，他寫了如下獻辭；

獻給亨利・皮雷納，他曾在鐵窗內撰寫了一部歐洲史。此時此刻，他的祖國和我的祖國正在爲正義與文明並肩戰鬥。

按照他的寫作習慣，布洛赫又起草了導言：「有關方法的一些反思」。後面還有不少頁草稿組成的第一章，題爲「歐洲和法國的誕生」。

布洛赫在《奇怪的失敗》中談到當時的情形，正是那些事件使他的《法國社會史》沒能繼續寫下去。可悲的敦克爾克大撤退之後，他到達倫敦，後來又回到法國的布列塔尼地區，就在那時，他著手本書的寫作，具體是什麼時間動筆的，我也說不準。在布洛赫寫給我的那段感人至深的獻辭末端，有一個較早的日期：「一九四一年五月十日寫於富惹爾（克勒茲）」。在他的一個文件夾中插有一張紙，上面寫道：

工作進程：一九四二年三月十一日

1. 寫作，爲了完成第四章，普遍性，各大文明，讀書。

2. 繼續第五章。（變化、經驗）

後來，布洛赫確實有時間寫完第四章，並開始寫第五章，第五章的標題還沒定，僅此而已。

要是布洛赫寫成了這本書，那又會是怎麼樣呢？在我所掌握的手稿中沒有發現該書的詳細提綱，或者說，我只找到一份動筆前的寫作構思，其內容與他實際上所遵循的寫作計劃差別極大。原設想寫七章，標題分別爲：

1. 歷史認識：過去與現在
2. 歷史的考察
3. 歷史的分析
4. 時間與歷史
5. 歷史的經驗
6. 歷史的解釋
7. 歷史的預見

布洛赫準備在結論中論述「歷史在國民教育中的作用」，還打算寫一篇題爲「歷史教學」的附錄。

不應過分強調這個設想與實際寫作內容之間的差別，如果這一設想中前五章的內容能在現存書的前四章中體現，布洛赫本來會論述「歷史的偶然性」、「個人的作用」、「起決定作用的行爲和事實」，最後，至於「歷史的預見」可能會占一章的篇幅。由此可見，現在這本書包括了原設想的三分之二以上的內容。在此，不妨把原計劃中未完成章的小標題抄錄如下：

第六章　歷史的解釋

緒論：好疑的一代（與科學家）

1.原因的概念。原因論與（不自覺的）動機論的弊端。浪漫主義與自發性。

2.偶然性的概念

3.個人和他不同的價值。附錄：時代、非個人的文字證明。歷史學僅僅是社會中人的科學嗎？人民大眾的歷史與精英。

4.「決定性的」行爲或事實

第七章　論預見

1.預見，思想的必要性

2.預見易犯的一般性錯誤。經濟波動、軍事史。

3.在人類事務中預見的悖論：預見對另一種預見的否定，自覺認識的作用。

4.短時期的預見

5. 規律性

6. 希望與不安

令人極爲遺憾的是，布洛赫沒能就本書最後一章做出更爲精確詳盡的論述，那是些最有創見的思想。雖然我熟知他的觀點，而且其中也有我的看法，但是我們從來沒有在一起探討過第七章所提出的有關「預見」的問題。布洛赫本來打算以獨到的見解對此詳加論述，或許，結尾的一章正是最富有獨創性的。

爲了將本書定稿，我整理了三大卷原稿，每一卷中都有一些已定稿的內容。這些稿子大部分已列印在紙上，其中夾雜著幾份布洛赫的親筆原稿，大多寫在已劃掉的初稿反面。作爲一個整理者，我的工作主要是將這三份原稿組成一個定本，儘量收全底本，並參照布洛赫在列印稿中對原稿的修改。對布洛赫的原文，即使在形式上也絲毫不做增補修改，完全保留了原作的風格。

此書本應做些注釋，但僅僅發現一兩處有原作者寫的注釋，我們沒有權力填補空白。當然，這是一項吃力不討好的事情，每走一步，都會產生難以解決的問題。

我所提到的三本原稿最後都以同樣的句子結尾：「總而言之，歷史的原因不是想當然的，它需要我們去探索……」。

最後，由於本書的獻辭和出於對友人的深切懷念，我還得說幾句。

馬克・布洛赫在去世之前原打算將他這部著作獻給一個人，布洛赫的好友都知道那是誰，她對布洛赫和孩子傾注了一片眞誠的愛心，她甘於犧牲自己，爲丈夫當祕書，助了他一臂之力。我感到無論如何都要實現布洛赫的遺願，而且這也是我應盡的職責。在此，我要寫下她的名字——馬克・布洛赫夫人。同她丈夫一樣，她具有法蘭西的信念，爲了共同的事業獻出了自己的生命。

呂西安・費弗爾

前言

「告訴我，爸爸，歷史有什麼用？」

幾年前，我十分寵愛的小兒子居然向他身爲歷史學家的父親提出這樣的問題，但願本書能夠作爲我的答案。對一個作者來說，至高無上的評價，莫過於讚揚他對學者和學童都能以同樣的口吻說話。然而，「純眞」是何等崇高的境界，臻於此道者實在寥若晨星。當時，我雖未能給那個求知欲極強的孩子圓滿的回答，但現在他的問題卻可以作爲我的起點。無疑地，有人會認爲孩子的問題未免太幼稚了，可在我看來，這個質問切中了要害，童言無忌，他的發問恰恰是針對史學存在的理由而言的。

注意，這樣的話，史學家就必須做出解釋，而要做出解釋，內心未免有些惶恐不安。一位年邁的工匠捫心自問：花費一生的精力來從事這個行業值得嗎？這時，他心中難道不會忽然產生一陣疑惑嗎？「歷史有什麼用？」這個問題已遠遠超越了職業道德之類的枝節問題，事實上，我們整個西方文明都與之有關。

與其他文明不同，我們的文明總是極爲關注以往的歷史，萬事萬物都追溯到同一源頭——基督教和古典遺產。我們的前賢往哲——古希臘和古羅馬人——就擅長撰寫歷史，基督教就是歷史學家的宗教。其他宗教體系的信仰和禮儀都源於接近洪荒時期的神話。基督教的聖書包括：史書、禮儀祀典，還包括上帝的現世生活情節、教會紀年、使徒行傳。從另一種更深的意義來說，基督教是歷史性的宗教。基督教將人類命運視爲在墮落和最後審判之間一次漫長的歷險。每一個生命，每一次個體的朝聖，都是這種天路歷程的表象。正是在時間，也就是在歷史的過程中，全部基督教思想的軸心——原罪與救贖，上演了一幕幕壯觀的活劇；在我們的藝術，在不朽的文學名著中，都激盪著歷史的回聲。我們的政治家也不時把那些眞假難辨的歷史教訓掛在嘴邊，自然，我們要注意團體心理之間的差別。例如，庫爾諾早就觀察到，法國的民眾總是傾向於按照理性來重組這個世界，但在保存其集體記憶方面遠不如德國人來得強烈。無疑地，文明不是一成不變的，或許有一天我們的文明會與歷史背道而馳，這也不是不可想像之事。好在史學家會對此可能性加以深思，如果他們掉以輕心，僞歷史就會殃及信史。不過，倘若我們眞的淪落到這種地步，那肯定是以嚴重脫離我們最珍視的思想傳統爲代價的。

到目前爲止，我們的探索僅僅涉及良知這個層次。確實，儘管處在持續不斷的生存危機中，每當西方社會對自身產生疑惑之時，我們都會反躬自問：西方社會曾否努力向歷史學習？究竟我們學得是否正確？請讀一讀戰前人們所寫的那些文字吧！同樣，也請讀一讀可能在將來會形成文字的今天人們的見解吧！在當今紛紛揚揚的牢騷聲中，你肯定能聽到人們對歷史的抱怨，在一次重大的事變中，我就正好聽到這種聲音。那是在一九四〇年六月，如果我沒記錯的話，正是德軍進入巴黎的那一天，法軍在諾曼公園被迫繳械，我們參謀本部的成員苦思災難的原因，以此來消磨無聊的時光，其中一人哀嘆道：「難道歷史已經背叛我們了嗎？」一位苦惱的成人以悲傷的語調所提出的問題，竟與那天眞好奇的幼童隨口的發問殊途同歸了。兩者都要求回答：

「歷史有什麼用？」

「用」這個詞，在此究竟有什麼含義？在展開這個問題之前，請允許我先表示一下歉意。在目前的處境下，我不可能利用任何大型圖書館，藏書的丟失迫使我只能依靠筆記和記憶。我本想在此論述治史的技藝和法則，而正是這些法則所要求的輔助性間接研究條件，我都不具備。會不會有一天能允許我來彌補這些缺憾呢？看來希望渺茫。因此，我不得不請求寬恕，儘管罪不在我，但還是必須說「我服罪」。若非如此，似乎我竟然膽大妄爲到要爲噩運而承擔罪責了吧。

即便不能證明歷史的其他用途，至少還可以肯定。人各有所好，歷史無疑具有娛樂的價值，或者更確切地說，至少人們確實對歷史感興趣，我本人就多年樂此不疲。我想，所有的史學家都不例外，要不然他們爲什麼要選擇歷史爲職業呢？只要不是白痴，任何人都會對所學的東西產生興趣。然而，每一個學者必然對某一門學科特別感興趣，他們選中這門學科，爲此奉獻自己的一生，這就是所謂的「使命」和「天職」。

歷史這種不容置疑的魅力，促使我們靜下心來對此加以深思。

歷史的魅力，首先觸發人們對歷史的興趣，繼而激勵人們有所作爲；它的作用始終是至高無上的，單純的愛好往往先於對知識的渴求。人們往往是在一種本能的引導下從事自己的工作，事先並不完全意識到它的結果，這在思想史上不乏其例。甚至物理學也是源於小屋裡的好奇，古董迷一開始也只是爲了好玩，而並非打算進行嚴肅的研究。考古學和民俗學的起源概莫能外。在我看來，大仲馬的讀者很可能成爲潛在的史學家，他們只是缺乏系統訓練，缺乏從事眞正的研究所必需的更爲純正、更爲強烈的興趣。

系統嚴謹的研究一旦展開，歷史的魅力也不會因此而大爲遜色；反之，所有眞正的史學家都能證明，無論在研究的廣度上還是在深度上，都可以感受到這種魅力。其他任何腦力勞動同樣如此，而歷史自有其獨特的美感。歷史學以人類的活動爲特定的對象，它思接千載，視通萬里，千姿百態，令人銷魂，因此它比其他學科更能激發人們的想像力。偉大的萊布尼茨對此深有同感，當他從抽象的數學和神學轉向探究古代憲章和德意志帝國的編年史時，與我們一樣，親身感受到探賾索隱後的喜悅。我們要警惕，不要讓歷史學失去詩意，我們也要注意一種傾向，如我所察覺到的，某些人一聽到歷史要具有詩意便惶惑不安，如果有人以爲歷史訴諸感情會有損於理智，那眞是太荒唐了。

如果說，普遍永恆的魅力幾乎是歷史唯一的存在理由；如果說，歷史像橋牌和釣魚一樣，僅僅是一種有趣的消遣，那麼我們費盡心血來撰寫歷史是否值得呢？我這裡的意思是，秉筆作史絕非易事，要講究史德，實事求是，盡最大可能探究歷史潛在的因素。安德烈・紀德曾寫道：「我們的時代已不容純粹的娛樂，哪怕是有益於心智的娛樂。」他是在一九三八年講這番話的，在一九四二年的今天，他的話顯得何等語重心長啊！確實，當今世界已跨入原子化學的門檻，已開始探測宇宙的奧祕。然而，這個可悲的世界儘管可以爲科學的進步而自豪，卻沒有爲人類自身創造多少幸福。歷史包羅萬象，任何一個煩瑣的枝節問題都可能虛耗人的一生光陰，如果其目的僅僅是爲了給一種娛樂罩上令人難以信服的眞理外衣，那當然要被斥爲濫用精力，而濫用精力則近於犯罪。否則，要麼只有勸說有能力從事更好職業的人不要去搞歷史學，要麼就必須證實歷史學作爲一種知識的存在理由。

不過，這樣又引起了一個新的問題。確切地說，究竟是什麼構成了求知的合理性？

正統的實證主義者認爲：一種研究的價值必須以它是否能促進行動來衡量。我想，今天已經不會有人以這種口吻來說教了吧。經驗告訴我們，不可能在事先便確定一項極抽象的研究最終是否會帶來驚人的實際效益。否認人們追求超物質利益的求知欲望，無疑會使人性發生不可思議的扭曲。即使歷史學對手藝人和政治家永遠不相關，它對提高人類生活仍是不可或缺的，僅這一點也足以證明歷史學存在的合理性。然而，即便加上這樣的界定，仍無法直接解決問題。

激發人類思維的，不僅是力求「知其然」的欲望，而且是想「知其所以然」的欲望。因此，唯有成功地解釋現象相互關係的科學，才被認爲是眞科學，除此之外，正如莫爾布拉克所言，不過是賣弄學問而已。現在，人們把賣弄學問當作一種娛樂或癖好，卻同莫爾布拉克時代一樣，這根本不是知識分子所追求的東西。即使歷史學不具備任何促使行動的功能，它也有充分的理由躋身於值得我們爲之努力的科學之列。它不是一個支離破碎、難以闡釋的學科，而是一門分類適度、日益言之成理的科學。

當然，如果一門科學最終不能以某種方式改善我們的生活，就會在人們眼中顯得不那麼完美。而且，就歷史學而言，不正是這種情緒使我們感到更特殊的壓力嗎？因爲史學的主題就是人類本身及其行爲，歷史研究的最終目的顯然在於增進人類的利益。事實上，一種根深柢固的秉性使人們幾乎本能地要求歷史指導我們的行動，因此，一旦歷史在這方面顯得無能爲力時，我們就會感到憤慨，就像上文提到的那位被征服的戰士一樣。歷史的用途（指嚴格的實用意義上的「用途」一詞），這個問題不應與歷史的嚴格意義上的理智合法性混爲一談。按理說，我們應當首先了解它，其次才談得上「用」。常識表明，我們不再回避這個問題了。

某些希望成爲仲裁者的人，已經交出這些問題的答案。他們試圖指責我們的樂觀主義。他們之中最寬容的人說，歷史學既無益處又不完善；而那些苛刻的、毫不妥協的人斷定歷史學是有害的。其中一位知名度不算很低的人聲稱，歷史學是「最危險的混合物，即便其中糅合著理智的成分」。這些指責帶來一個可怕的誘惑，預先就給無知做了辯解。萬幸的是，對我們這些仍然保持理智的好奇者來說，似乎還可從他們的裁決中找到上訴的理由。

但是，如果要重新辯論，重要的一點在於這種辯論必須以可靠的資料爲依據。

一般來說，貶低歷史學的人似乎失之武斷，他們高談闊論，妙語連珠，但最重要的是他們忘了問問自己，到底在談論什麼東西。他們爲自己所描繪的歷史研究的形象，並不是以歷史研究的實際情況爲依據的，這種形象更適合論壇而不是書齋。首先，歷史研究的情況已今非昔比，因此他們的所作所爲不過是在浪費精力，類似於用魔法去驅除魅影。我們的做法應當完全不同。我們試圖在此評估的，是那些在研究中實際應用的具體而微的方法，評估它們的價值和確定性。我們要探討的問題，和那些成天與史料打交道的史學家所遇到的問題是同一類型的。總之，我們旨在闡述史學家爲何，以及如何來從事歷史研究。至於是否值得從事這一行，就得由讀者來決定了。

然而，我們還得小心，即使經過上述限定，事情還不像看起來那麼簡單。假如我們要探討的是一種實用的工藝，事情可能簡單明瞭，因爲計時的手工勞動可以一一列舉計算清楚。但歷史研究既不同於造鐘錶，又不像做家具，它力圖最終能更確切地了解運動中的事物。限定自己只去描繪一門科學的現狀，多少可以揭示出一點眞實情況，也總會有點曲解，更重要的是，要說出這門學科在時間的長河中將怎樣加以改善。這樣一來，難免會帶有許多個人的看法。確實，一門科學在其發展的每個階段中，都會受到各種相反傾向的干擾，幾乎不可能確定當時占主導地位的傾向是否有前途。我們不要回避這個問題，理論問題和其他事情一樣，怕負責任是有損於信譽的。在此，不過是要向讀者坦誠相告而已。

任何一種方法論的研究，所遇到的困難因本學科的發展階段而異，學科的發展過程像一條不規則的曲線，方法論的研究更是如此。例如，十年前牛頓力學仍是至高無上的權威，那時以精確的體系來構思一篇關於力學的論文，要比今天容易多了。而目前歷史學仍處於那種熱衷於實證的階段。

歷史學不僅僅是一門變動中的科學，和那些以人類精神爲對象的學科一樣，這位理性知識領地的新到者還處在搖籃中。也就是說，在胚胎時期，歷史只是敘述而已，那時的歷史著作充斥著傳聞逸事；在更長的時期內，歷史主要記載重大的事件。作爲一門注重理性分析的科學，它還十分年輕。現在，它終於力圖深入人類活動的表層，不僅要拒絕謠傳和賣弄辭藻的誘惑，還要防止近代因習以爲常而墨守成規的學問和經驗主義的標榜，那才是更爲危險的毒素。在一系列最關鍵的方法問題上，史學尚未超出初步嘗試性的摸索階段。所以，浮士蒂爾·德·古朗治和先於他的培爾都認爲，「史學在所有科學中難度最大」。這話不無道理。這僅僅是一個幻想嗎？儘管道路曲折，然而在我看來，我們現在正處於比前輩更爲有利的地位上，已可以看到前方的一線曙光。

我們的前輩，如十九世紀最後十年的人，甚至包括二十世紀初的那一代人，似乎已完全沉溺於孔德的自然科學概念。這種迷人的先驗圖式侵襲了思想每一個領域，人們似乎以爲，如果最後不能通過直接的、雄辯的證明，達到以至高而普遍的規律爲形式的十分確切的公式，就算不上眞正的學科。這在當時幾乎是毫無異議的看法，而當這種觀念應用於歷史研究時，就因個別的史學家氣質而形成了兩大對立的學派。

一派認爲將實證主義套於歷史學是切實可行的，他們力圖建立一門與泛科學的理想相吻合的、有關人類進化的學科。他們打算把許多明顯的人類現實活動排斥在眞正的人類科學之外，因爲，這類活動在他們看來難以接受理性的解釋。他們無不蔑視地將事件或偶發事件稱爲渣滓，大多數內在的、個人生活的諸多方面也是渣滓。總之，這就是涂爾幹創立學派的立場。（自然，早期的這種刻板原則在實踐中已漸漸有所鬆動，儘管不情願，這些人還是明智地服從了事實的壓力。）涂爾幹學派這種科學化的巨大努力，使我們的歷史學獲益匪淺，它教會我們分析，使之更爲深刻、更善於抓住問題，甚至可以說，使我們的思想更爲充實。在此，我是懷著無比的感激和敬意來談論涂爾幹學派的。如果說，這種學說在今天已趨於僵化，那也只是任何思想運動在碩果累累之後遲早要付出的代價。

另一學派的研究者則持完全不同的觀點。由於無法把史料組織得像自然科學那樣章法井然，加上他們早期所受訓練的侷限，他們對考訂資料所需的新知識，以及由此產生的困難和疑問尤其感到棘手；所以，從研究中他們得出虛無而謙卑的道德教訓。到回顧總結之時，他們感到自己在爲一門學科貢獻才華，而現在既不可能對這門學科做出十分肯定的結論，也看不到它在今後會有進步的希望。他們傾向於把歷史學視爲一種美的消遣，或是一種有益於心智的健身操，而不是一種眞正的科學知識。這派人物曾被稱爲唯歷史的歷史學家，具有眞正「歷史的」觀點。但這種論斷有損於歷史學，因爲它以否定史學發展的可能性來發現史學的本質。就我而言，我寧可在與他們相關的法蘭西思想中找出其更明顯的象徵。

如果我們認可阿納托爾・法朗士的作品對西爾韋斯特・博納爾生平所劃定的年限，那麼，這個人物就反映了所謂的時代錯置，他就像中世紀作者所描繪的那種年邁的聖徒，這些作者將自己的時代特色天眞地加在筆下的人物身上。博納爾（如果我們同意這一虛構的人物一度是個有血有肉的人）「眞正」生於第一帝國，他屬於浪漫主義史學家那一代人，他本來會具有他們那種昂揚充沛的熱情，像他們那樣對歷史「哲學」的前途堅信不疑。法朗士虛構了他的生平，如果略過假設的主人公所處的時代，而在作家生活的時代復活這一角色，我們就可以把他看成是庇護全體歷史學家的聖人，傳主幾乎成爲法朗士思想上的同道。他們都堪稱道地的工匠，只是有點底氣不足。我們可以把他們比喻爲醉鬼的孩子，浪漫主義歷史學的狂歡濫飲削弱了他們的體質。與實驗室裡的同事相比，他們自慚形穢，謹小愼微，不敢越雷池一步。連我可敬的老師瑟諾博斯那樣思維敏銳的人也曾在無意中說道：「向自己提出問題是有用的，但回答這些問題卻是十分危險的。」此言堪稱這派人的口號。確實，吹牛大王是不會講這種話的，但如若當年的物理學家沒有顯示出更大的勇氣，那麼物理學的現狀又會如何呢？

我們所處的思想氛圍已今非昔比，氣體動力學、愛因斯坦的相對論以及量子力學，已使科學的概念發生深刻的變化，而那些概念在過去曾是人們一致公認的。愛因斯坦等人的理論並沒有淡化這些概念，僅僅使之更富有彈性。他們常以無限的或然性取代確定性，以永恆的相對可測性概念取代絕對的可測性。無數人的思想受到他們的影響（嗨！我也不例外），由於智力或教育的欠缺，像我這類人只能遠遠地尾隨這種偉大的思想，就像光的折射現象一樣。因此，我們似乎更有理由認爲，即使一門學問不具備歐幾里得式的論證或亙古不易的定律，仍無損於其科學的尊嚴。我們發現，還是將確定性和普遍性視爲「度」的問題更爲妥當。我們沒有必要再把從自然科學引進的一成不變的思維模式，強加給每一門知識，因爲即使在自然科學界，這種模式也不再通行無阻了。我們不知道人的科學前景如何，但我們確知，爲了生存，它無疑會與理性的基本規律相一致。它沒必要捨棄自身的特色，更沒必要因其特色而自慚自卑。

我但願，職業歷史學家，尤其是年輕的一代，能就史學的徘徊和不斷的自我反省問題加以深思，他們必定因此而得到訓練，通過審慎的選擇，理智地確定自己努力的方向。我尤其希望，在年輕一代中有愈來愈多的人能開拓歷史學的深度和廣度。我們之中的一些人早就開始醞釀這類設想。假如我的書能對他們有所幫助，我就算沒有白費精力，我得承認這也是本書的部分目的。

但是，本書並非完全，也不是主要爲同行而寫的。我認爲，面對著大眾的好奇心，應當把史學的不確定性公諸於世。史學的不確定性正是史學存在的理由，它使我們的研究不斷更新。由於全新的開拓，我們肯定可以理直氣壯地聲稱自己將更執著於歷史。只要不懈地努力實現自身價值，史學的不完善性與完美無瑕的成功，同樣是富有魅力的。借用貝璣的話來說，一個好農民在播種耕耘時的喜悅並不亞於收獲時的歡欣。

這個簡短的導言行將結束之時，有必要再表白幾句。每一門科學本身，僅代表了知識海洋的一點一滴。我在前面已舉例說明，無論你從事什麼專業，爲了解和正確評價自己的研究方法，就必須看到它們與其他領域同時代的發展趨勢之間的關係。方法論是一種專門的學問，從事研究者被稱爲哲學家，我可不敢覬覦這一頭銜。筆者才疏學淺，這本小冊子難免有行文不當和一己之見的地方。我所呈獻給讀者的，只不過是一位喜歡推敲自己日常工作的手藝人的工作手冊，是一位技工的筆記本，他長年擺弄直尺和水準儀，但絕不至於把自己想像成數學家。

第一章　歷史、人、時間

歷史學家的選擇

「歷史」是個十分古老的名詞，有時使人們感到厭煩。當然，人們還不至於想把這個詞從詞彙中澈底刪除，即使是涂爾幹學派的社會學家也為「歷史」留下了一席之地。不過我們要知道，他們這樣做僅僅是為了將歷史放逐到人類科學中的一個可憐角落裡。儘管社會學家認為任何事物都可接受理性的分析，他們卻把所有被其視為最膚淺和變幻莫測的人類事實，封存在那個隱蔽的地牢裡。

與此相反，在這裡我們要從最廣泛的意義來闡述「歷史」一詞。在人們研究探索的道路上，這個詞並沒有預先設置什麼禁忌，它可以隨意指個人的探索，也可以指社會的探索；它可以指轉瞬即逝的震盪，也可以指曠日持久的演變。它本身並不包含教條，它最初的含義，無非就是指「探索」罷了。自然，從兩千多年前人們第一次說到這個詞以來，「歷史」的內涵已有極大的變化，一切有生命的詞彙無不如此。如果科學每前進一步都得造些新名詞的話，那麼有待命名的東西就會有成千上萬個，學術界得為此虛耗多少光陰啊！

「歷史」一詞產生於輝煌的希臘化時代並沿用至今，我們現在所謂的「歷史」已遠非米利都城赫卡泰厄斯的「歷史」，正如開爾文勛爵和朗之萬的「物理學」已不同於亞里士多德的「物理學」一樣。那麼，我們所謂的「歷史」究竟是什麼呢？

當我們的注意力集中於研究「眞正」的問題時，在一開始就去下乏味而僵硬的定義將是毫無意義的。道地的工匠怎會拿這些框架來自尋煩惱呢？在追求尚未確定而有發展前途的知識時，人們會產生一種朦朧的衝動，而繁瑣細微的定義不僅會扼殺這種創造性智慧的火花，還會進而束縛人們的思想，這才是最大的危險。迪萬．萊克希考格拉夫曾言：「這個課題或探討這個課題的方法無疑是誘人的，但是，當心點！莘莘學子，這並不是歷史學。」難道我們就像古代行會那樣，把任務按規定項目派給同行的成員，並永遠照章辦事，乾脆將事情留給老師傅來做嗎？物理學家和化學家就比較明智，他們從來不去爲物理或化學、物理化學或化學物理（假設有這個詞）的權利而爭辯不休。

確實，面對紛繁複雜的現實，歷史學家必須開闢出一塊供他耕耘的特殊領地。顯然他必須做出選擇，這種選擇不同於生物學家，但那必須是歷史學家的適當選擇。因此，就產生了一個眞正的行爲問題，這個問題將始終伴隨著我們的研究。

歷史與人類

人們有時說，歷史是一門有關過去的科學，在我看來，這種說法很不妥當。首先，把「過去」這個概念作為科學的對象是荒唐可笑的。過去的某種現象，如果完全沒有與當代相通的共同特徵，如果未經過事先的篩選，又怎能成為有條有理的知識呢？根據事物的反面，人們又怎能想像出一門天衣無縫的宇宙科學的現狀呢？

無疑地，在歷史編纂學的初始階段，古老的編年史家是不會對這些瑣碎的問題感到困惑的，他們敘述一些雜亂無章的事件，其中僅有的聯繫就是這些事件是同時發生的，如日蝕、冰雹，以及突然出現的驚人流星，同時發生的戰爭及國王和英雄的去世。這些有關人類早期的記憶，猶如幼童觀察事物時那麼零亂；然而，這種為進行分析所做的不懈努力，已漸漸導致了分類。不錯，從基本保守的觀點來看，在我們的語言裡，任何關於現象在時間上變化的學問都可名為歷史。這樣的慣例有利無弊，人們不會因此而困惑不解。從這個意義來看，我們現在所見的由行星組成的太陽系並非永恆不變的，也就有了太陽系的歷史，它屬於天文學領域。地震的歷史與地球的構成有關，人們對此極為關注。而它涉及地球的構成，雖能引起人們極大的興趣，但它與歷史學家所謂的歷史無關。

至少，他們這樣做僅僅是因爲過去觀察到的現象與人類歷史上一些特殊事件正好巧合。那麼，在實踐中，他們又是怎樣分析的呢？要清楚這一點，一個簡單的事例抵得上千言萬語的論證。

西元十世紀，水深浪大的文斯灣使佛來明斯成爲鋸齒形的海岸；後來，海灣被沙石堵塞了。應該由哪門科學來研究這個現象呢？初看起來，誰都會說應歸地質學，沖積層的沉澱運動、海流運動或海平面的變化，不正是地質學所發現、所研究的範圍嗎？當然是的，但進一步看，事情就不是那麼簡單了。第一個問題是要調查地質變遷的起源，接著，地質學家就要被迫回答一些嚴格說來不屬於其專業範圍的問題。無疑地，至少還有人工圍堤促使海灣淤積，改變河道的流向以及灌溉系統等因素，所有這些人類的活動均基於人們的集體需求，並依靠一定的社會組織來進行。在鎖鏈的另一端還有一個新問題——後果。離海灣盡頭不遠處，有一條小河通往一個小鎮布魯吉，借助文斯灣的海水，每天有大量的商品在這裡進出，相對而言，當時它的地位相當於今天的倫敦或紐約。後來，沙石日甚一日地湧來，海水漸漸消退，文斯灣的碼頭延伸到了河口，這個港口就逐漸消失了。要知道，這並非港口衰亡的唯一原因，卻是因果長鏈中極爲舉足輕重的一環。（除非物質運動是由其他人爲的因素來安排、促成和規範的，否則它又怎能影響人類社會呢？）

一個社會按照自身的需求來重新改造人們棲身的大地，任何人都會本能地承認，這是一次「歷史性」的事件。一個顯要的行當的盛衰也同樣如此。從以上這個地形學的典型事例中，我們看到：一方面呈交叉狀態，要做出解釋，兩門學科便互相依賴，缺一不可；另一方面呈轉變狀態，當我們以結果尚未確定的唯一例外來描述一種現象時，它會以某種確定的方式，以一門學科來取代另一門學科。究竟是什麼支配了歷史學的介入呢？顯然是人的因素。

很久以前，我們偉大的先輩密芝勒或浮士蒂爾．古朗治曾經教導我們：從本質上看，歷史學的對象是人。還是讓我們把它稱爲「人類」吧！複數比單數更便於抽象，相對而言，複數的語法形態更適用於一門研究變化的科學。地形特徵、工具和機器，似乎是最正式的文獻、似乎是與其締造者完全脫離的制度，而在這所有東西背後的是人類。歷史學所要掌握的正是人類，做不到這一點，充其量只是博學的把戲而已。優秀的史學家猶如神話中的巨人，他善於捕捉人的氣味，人才是他追尋的目標。

作爲人類知識的歷史學性質，在問題的表述方面還有其特殊的情況。它是「科學」還是

「藝術」呢？大約在一八〇二年，我們的老前輩曾樂於就這個問題進行嚴肅的辯論。後來，大約在一八九〇年，出於對早期實證主義說教的膩煩，方法論者爲公眾對歷史著作所謂的「形式」過分重視而感到惱怒。藝術之於科學，形式之於實質等，史學界居然充斥著如此瑣細的爭論。

巧妙的均衡所具有的美感並不亞於一句美妙的措辭，但每一門科學都有與之相應的語言美。實質上，人類的行爲極爲微妙，在許多方面難以做出數學式的評估，必須將它們轉化爲語詞，也就是說要正確無誤地衡量人類的行爲，（誰能夠完全認識自己不知如何表述的事物呢？）必須有極爲精緻的語言，遣詞造句更要仔細斟酌，計算行不通的地方，我們不得不運用聯想。表述自然界的語言與反映人類現實的語言之間是有差異的，這類似於操作鑽床的工人和製造魯特琴的匠人之間的差別，兩者的工作都精確到以毫米爲單位，但鑽工使用精密的工具，匠人則主要憑藉他的聽覺和觸覺。假如鑽工效法工匠的經驗和方法，或者工匠模仿鑽工的做法，都將是不明智的。一個人不能既用數字又用語詞來感知事物，對此，誰又能加以否認呢？

歷史的時間

我們已把歷史學稱爲「人類的科學」，那還是太含糊，有必要加上「時間中的」定語。史學家並非抽象地思索人類，在他們的思想中總是自然而然地注入時代的氣息。

要知道，很難想像任何一門科學會把時間僅僅視爲抽象的東西。然而，不少人只把時間看作一種計量單位，他們爲了各自的目的，任意將時間分割成性質相同的碎片。與此相反，歷史的時間卻是實實在在的、活生生的現實，它一往直前，不可逆轉。正是在時間的長河中，潛伏著各種事件，也只有在時間的範圍內，事件才變得清晰可辨。如果說放射性的物質轉化成其他物質需要「幾秒」、「幾年」或「幾世紀」的時間，那這些數字只是原子物理學家的基本數據。這些變化中任何一個特殊的現象，無論是發生在幾千年前，發生在昨天或今天，或註定要在明天發生，無疑都會使地質學家感興趣，因爲地質學是注重歷史變遷的學問，而物理學家則對此毫不關心。凱撒花了八年的時間征服高盧，愛爾福特的路德從正統的見習修道士轉變爲維滕貝格的改革者經歷了十五年時間，但沒有一位歷史學家會僅以講述這些事實爲滿足。對史學家來說，更爲重要的是，在歐洲社會變遷的背景下確定征服高盧在編年史中的地位。史學家絲毫不否認馬丁・路德的精神危機之類不變的因素，但唯有將這場運動發生的確切時刻放在其主角的人生履歷中，以及與作爲背景的歐洲文明聯繫起來考察，他才認爲自己繪製了一幅逼眞的圖畫。

這種眞正的時間，實質上是一個連續統一體，它又是不斷變化的。歷史研究的重大問題就源於這兩種屬性的對立。這樣，就引起了一個特殊的問題，即我們研究的存在理由是什麼？假設從不間斷的時代順序中抽出兩個連續的階段，時間之流在兩者間的聯繫，究竟在何種程度上支配或沒支配從這一時間長河中產生出來的差異呢？認識前一階段，對於了解後一階段是必不可少的，還是不必要的呢？

起源的偶像

承認自己的欠缺是不會錯的。站在遙遠的過去來解釋當前，這對以過去爲研究主題的人極有吸引力，這種做法已使我們的研究處於催眠狀態。抓住最爲顯著的特徵，可將史學家部落的偶像稱爲「起源的迷惑」。而且，從史學思想的發展來看，起源崇拜有過備受青睞的時候。好像是勒南曾寫道：「在所有的人類事務中，起源比其他任何東西更值得研究。」（引文來自記憶，恐怕不夠正確。）在勒南之前，聖·貝弗也說過：「由於好奇，仔細研究了許多事物的『起源』，並做了筆記。」這個觀念在那時是十分典型的，「起源」一詞也是如此。《基督教的起源》問世不久，又出版了《當代法蘭西的起源》，更不要提模仿之作了。此外，「起源」的含義是模糊的，因此也是令人困惑的。

一方面，「起源」僅僅意味著開始嗎？這本來是相對清楚的，只是就許多歷史事實而言，起點的概念簡直令人難以捉摸。這無疑是定義問題，然而不幸的是人們往往容易忘記下定義。

另一方面，「起源」是否指原因呢？那樣的話，探究原因固有的本質就沒什麼困難可言了。（在人文科學方面無疑更是如此。）

但是，兩種含義時常互相混淆，更令人傷腦筋的是很難清晰地加以分辨。通俗的說法爲「起源就是開始」，更糟的是認爲「開始」就等於完滿的解釋。這樣，便導致了詞義的混亂，進而帶來危害。

評注家對探賾索隱、追根溯源尤其著迷，可以對此做些很有趣的研究。巴雷斯對那個背棄信仰的教士懺悔：「你鼓吹的那一套我不懂」，「幾位學究有關希伯來語的論述與我的感情又有什麼相干？教堂的氣氛就足夠了」。用莫拉斯的話來說，「四個下賤猶太人的《福音書》和我有什麼關係？」（照我看，「下賤」一詞是指馬太、馬可、路加、約翰出身平民，在遣詞上至少帶有一定的貶義。）這些惡作劇者是在取笑我們，無論是帕斯卡還是博緒埃，都不會如此大膽妄言。當然，撇開歷史仍然可以對宗教有所體驗。對純粹的自然神論者來說，只要內心信仰上帝就行了，但他不會信仰基督教的上帝。我已指出，基督教實質上是一種歷史性的宗教，其原始教義是以事件爲依據的。重溫一下你的信條吧：「我信仰耶穌基督……他被彼拉多釘死在十字架上……第三天他又復活了。」這樣，信仰的起點也就成了信仰的基礎。

對起源的偏好，從某些宗教方面來分析尚情有可原，但這種傾向已經不可避免地蔓延到其他研究領域，那顯然是不足爲訓的。爲了價値的判斷而追尋歷史的起源更不足取。泰恩闡述法蘭西的起源，旨在譴責他所謂荒唐的人類哲學所導致的政治惡果。無論是德意志入侵還是諾曼征服英格蘭，刻意用歷史來解釋現實，其目的就是爲現實辯護或是對現實加以譴責。因此，在許多情況下，「起源」這尊守護神只不過是眞歷史死敵的化身，或是一種判斷癖。

還是讓我們回到基督教的研究吧。通過教堂日常的宗教儀式，一個困惑的尋求回到良知的人，決定了他對天主教的態度，這是一回事；而史學家把當今的天主教作爲一種可觀察的事實加以解釋，則是另一同事。了解起源是理解必不可少的條件，但僅此尚不足以解釋實際的宗教現象。名義上相同的教義，實際上究竟有多少相同之處呢？爲了使問題簡化，我們必須把這個問題暫時擱置起來。即使假設我們的宗教傳統是一成不變的，我們也必須找出它不變的理由。如果說神力的干預是非科學的，那麼其中便有人的因素在起作用。總而言之，問題已不在於耶穌是否先被處死然後復活，而在於爲什麼從古到今會有這麼多人篤信「受難」和「復活」。可見，無論在何地只要有虔誠的信仰，所有的證據都表明此信仰僅僅是某一集團日常生活中的一個方面而已。宗教信仰宛如一個繩結，它將社會結構、社會精神等迥然不同的特徵纏繞在一起。總之，一個教義包含著人類環境的所有問題，小小的橡子可以長成參天的大樹，但它離不開適宜的土壤和氣候條件，而這些條件已完全超出了胚胎學的範圍。

在此引證宗教史僅僅是作爲一個例子。任何研究，在追溯人類行爲起源時，往往潛伏著同樣的危險，即把祖先與原因混爲一談。

這恰如詞源學家的幻覺。詞源學家往往認爲，只要指明一個與現代詞義相對應的最早詞義就大功告成了。例如：bureau的原意是指一種粗紡布，timbre一詞的原意是指「鼓」。似乎主要的問題不在於理解詞義轉化的原因，似乎所有的詞義都受到原意的影響，而取決於當前社會條件的現代詞彙狀況，卻對詞義的變化無足輕重。Bureaux de ministere中的Bureaux意爲政府機構。我在郵局的窗前買郵票（timbre），我能用這個詞是因爲最近的技術性改進，如郵政組織的變化、用帶膠圖片（郵票）取代打郵戳等，導致通信事業的巨大變化。當今人們對這古老詞彙的理解產生如此大的差異（在不同的行業中尤其如此），因此，人們絕不會把我貼在信封上的郵票（timbre），與樂器商誇耀其樂器時說的「純美音色」（timbre）混爲一談。

我們談論「封建制的起源」，那麼我們從哪裡去追溯它的起源呢？有人說「源於羅馬」，有人說「源於日耳曼」，兩種說法矛盾的原因是顯而易見的。無論是羅馬起源說還是日耳曼起源說，都提到庇護關係、軍事聯盟、作爲勞動報酬的土地使用權等慣例，被我們稱之爲「封建」時期的幾代歐洲人曾遵循這些慣例。但這些慣例發生了很大的變更。有兩個詞：拉丁語稱爲封地，日耳曼語系的人叫做采邑，這兩個詞爲後來的幾代人一直沿用，但不知不覺中這兩個詞又有了全新的含義。令史學家感到遺憾的是，人們並非總是隨著習俗的改變而改變其詞彙的。這些都十分有趣，但它並沒有告訴我們封建主義的原因。富有特色的歐洲封建制度並不僅僅是一些遺跡的拼湊，在歷史發展的某一個階段中，它產生於總體的社會狀態。

瑟諾博斯曾言：「我認爲，十八世紀的革命思想源於十七世紀的英國思想。」他是否指法國啓蒙運動的宣傳家曾讀過或間接受到英國十七世紀著作的影響，因而採取了他們的政治原則呢？假如我們（法國）的哲學沒有提供開創性的思想，或對國外的理論體系不能提供獨創的啓示，那麼，我們可以接受這種觀點。即使武斷地將啓蒙運動歸爲借用外來的思想，這場思想運動的歷史面貌也遠非清晰可辨的。爲什麼不早不遲偏偏在這個時候發生了思想的傳播？這個問題仍未解決。病毒的傳染必須有兩個條件：一是病菌的大量繁殖，一是疾病襲來之時有一個適宜的孳生地。

總之，脫離特定的時間，就難以理解任何歷史現象，這一點在我們人類和其他事物進化的每一個階段都不例外。正如古老的阿拉伯諺語所言：「與其說人如其父，不如說人酷似其時代。」無視這東方的智慧，歷史研究就會失眞。

過去與現在的界限

由於過去並不能完全說明現在，那麼我們就應該相信歷史的解釋毫無用處嗎？奇怪的是，今天我們應當能夠提出這個問題。

不久以前，答案還幾乎是完全現成的。「誰把思想侷限於現在，誰就不能了解當今的現實。」密芝勒在《人民》一書的開篇如是說。那是一本不錯的著作，但帶有寫作時那個時代的焦躁氣。在密芝勒之前，萊布尼茨就已著手研究歷史，並有所得益，他說：「必須在事物過去中找到它的根源，唯有了解事物的原因，才能更好地了解其實際狀況。」

但是，自萊布尼茨和密芝勒以來，事情已發生了很大的變化，持續不斷的技術革命已難以估量地擴大了幾代人之間的心理差距。電氣時代、飛機時代的人們或許有幾分理由感到自身與祖先離得更遠了，有人甚至不明智地斷言，前人對我們已毫無影響可言。在機械論者的心中還潛伏著一種現代主義的曲解：要操縱和修理發電機難道還有必要先精通伏特的流電學理論嗎？這種類比毫無疑問是蹩腳的，但它的確使不少頭腦機械的人接受了這種看法，這時就使人們容易相信：了解先輩絲毫無助於了解和解決當前人們所面臨的重大問題。史學家對此沒有足夠的認識，而且也爲現代主義的風尚所左右。在史學界也發生了新舊割裂的變化，爲什麼史學家卻沒有感覺到呢？昨天有關穩定的貨幣體制和金本位的觀點，在各種政治經濟學的手冊裡還能作爲時下的標準嗎？對近代經濟學家而言，這些觀點屬於當代還是屬於充滿腐臭味的歷史呢？

在這些混亂的觀念背後，仍能發現一些更爲連貫的概念，至少在表面上，這些觀念以其簡潔對某些人頗有吸引力。

在逝去的漫漫時光中，似乎總有這麼一個短暫時期，其開端相對而言距今並不久遠，其結局與我們的時代巧合。無論是其引人注目的社會、政治特徵，還是物質設施、文化情調皆與我們的世界沒有任何重大的差異。總之，它與我們具有顯著的「同時代性」，並由此產生出與過去不同的長處和短處。我年輕時，有一位年邁的高中教師曾對我們說：「一八三○年以後已無歷史學可言，一切都是政治學。」現在人們不會說「自一八三○年以來……」，因爲「七月革命」在今人看來已成遙遠的時代。沒人會說「一切都是政治學」，倒是有人會以恭敬的口吻說：「一切都是社會學」，或以不那麼恭敬的口吻說：「一切都是新聞學」，而不少人會欣然重複：自一九一四年或一九四○年以後，已無歷史學可言。然而，他們將歷史學驅逐出境的理由卻未必十分一致。

有些人認爲，對最近的事件不可能做出眞正客觀的研究，只因爲它們是最近發生的；他們希望，這樣一來，當前爭吵不休的問題就不至於玷汙克里奧女神的貞潔。在我看來，這正是我那位老教師的想法。如此，就把我們的自控能力看得十分低下。他也完全忽視了這一點，即一旦觸動感情之弦，就無法用以數字計算的編年法來劃清過去與現在的界限。我剛到朗格多克的高等中學當教師時，那位善良的頂頭上司以教育總管的身分警告說：「談到十九世紀的歷史並沒有什麼危險，但涉及宗教戰爭時，你可得十分當心！」確實，在講台前，若無抵禦當代病毒的勇氣，即使你是在評論《伊利亞特》或《羅摩衍那》，也難免要遭到當代思想毒素的侵襲。

與此截然相反，另外一些學者不無理由地認爲，完全可以對當代社會進行科學的研究。然而，他們承認這一點，僅僅是爲了研究某些分支學科，而這學科與以過去爲對象的學問截然不同。例如他們以幾十年的時限爲依據進行分析，並宣稱已了解當代的經濟體制。總之，他們顯然是把我們的時代視爲與過去完全脫離的，並認爲這是不言自明的。許多僅僅對歷史懷有好奇心的人，也本能地採取這種態度。他們對遙遠的歷史之所以有興趣，只是因爲把它當作無關痛癢的精神奢侈品。一方面，一小群古董迷帶著恐怖的笑容揭開死神的裹屍布；另一方面，社會學家、經濟學家和時事評論員則成了現實生活的唯一探索者。

由古知今

談到所謂當代社會可以自我理解，只要仔細考察其論點的特徵，就不難發現，它是以一整套奇怪的前提爲依據的。

首先，它設想在一代或兩代人之間，人類事務已發生了巨變，這種變化不僅來勢迅猛，而且是總體性的。因此，無論是長期延續的社會制度，還是傳統的行爲方式都無法避免實驗室和工廠革命的影響。它忽視了惰性力量對這許多社會性創造的特殊作用。

人們耗費大量光陰設計某些新技術，而後又或多或少地自願淪爲這種新技術的囚徒。凡到過法國北部的旅行者，無不對那裡田地的奇形怪狀印象深刻。幾百年來，由於所有權的變更，原先的布局已發生了一些變化；但時至今日，他們仍將可耕地畫分爲許多七零八落的小塊，看到這些紊亂狹長的土地，農業科學家也感到迷惑不解。不容否認，按原樣繼承這些土地，勢必給耕作者帶來麻煩，浪費大量的精力。我們對此能作何解釋呢？某些急躁的法學家曾說：「透過民法必然解決問題，改變繼承法就能消除弊病。」如果他們多了解點歷史，如果他們曾詢問過一個恪守幾百年陳規的農民，就不會把解決問題的方法看得如此簡單了。這種田地畫分法的歷史是如此悠久，至今尚無學者對此做出令人滿意的解釋。與第一帝國時期的律師相比，史前時代的居民與此有更大的關係。由於一直無從改進，它變得如此積習難改，可見對歷史的無知不僅使當代科學產生混亂，而且導致當前行爲的困惑。

一個社會如果可以完全由前一階段任意塑造，那麼，其社會結構必然像無脊椎動物那樣軟弱無力。在這個社會中，代與代之間的交流必然是單純的。——因爲兒童只有透過父母的仲介才能與先祖有所聯繫。

然而，事實未必如此，即使在口耳相傳的時代也不是這樣的。以法國的村莊爲例，父母要外出幹活，幾乎整天不在家，孩子主要由祖父母撫養，結果父母一輩本是能夠改變傳統的主角，但他們的作用遭到忽略，卻使可塑性最強的孩子與思想僵化的老年人結合在一起，如此培養出來的新一代在思想上反而倒退了一步。這無疑就是傳統思想在農村社會根深柢固的原因。這個例子十分典型，但遠不是獨一無二的。因爲，在年齡不同的人群之間，自然產生的敵視往往以鄰近的兩代人最爲劇烈，年輕人從老年人那裡學到的東西比得自中年人的教益更多。

即使是相隔數代的人，文字材料仍能使思想的傳播大爲便利，使文明得以延續。我們可以從另一時代——如十六世紀挑選一些人物爲例，如路德、加爾文、羅耀拉。史學家要加以論述，首先必須把他們置身於當時的時代背景，而籠罩他們的思想氛圍和所面臨的道德問題和我們今天是截然不同的。爲了正確把握當今世界，我們想了解新教運動和天主教改革，又想了解那些距今不遠卻曇花一現的思潮和情感。幾百年過去了，然而，誰敢斷言對現實來說前者的重要性遠遠低於後者呢？

總之，謬誤是顯而易見的，爲駁倒謬論，有必要對它加以系統的闡述。那種觀點把人類進化的過程描述爲一系列短暫而激烈的動盪，其影響無一超過幾百年時間。與此相反，我們的研究證明，那些廣泛而持久的發展所造成的強烈震盪完全可能是自古及今的。假如一位地球物理學家能把遙遠的距離計算得精確到英寸，從而得出結論，說月亮對地球的影響比太陽還大，對此，我們將作何感想呢？無論是外部空間的距離還是時間的長短，都不能簡單地作爲估量一種力量之潛在影響的標尺。

最後，對那些於今天已毫無作用的事物又該如何看待呢？例如，早已消逝得無影無蹤的信仰、已經解體的各種社會形態，以及業已消亡的技術等等。是否有人會認爲這些東西對我們了解今天已毫無用處了呢？不要忘了，沒有一定程度的比較就不會有眞正的理解，而比較自然要以既有差別又有現實聯繫的事物爲條件。這一點沒人可以否認，現實就是這麼回事。

我們今天自然不會像馬基維利、休謨或博納爾那樣，認爲在時間的長河中，「至少有某些東西是不變的，那就是『人』」。我們知道，人的頭腦已發生了很大的變化，人身上那些精緻的器官也不例外。在其他方面又如何呢？實際上，人的精神狀態已今非昔比，人的健康和飲食也同樣如此。然而，在人類本質和人類社會中必然存在著某種永恆的根本性東西，否則，人或社會這類名稱就毫無意義可言了。如果我們僅僅研究某些人在一時一地的行爲，我們又怎能確信自己已眞正了解那些人物呢？即使就那個階段而言，這樣的研究也是不充分的。還有許多隨時可能脫穎而出的潛在因素，多少有點無意識的東西在背後操縱著個人或集體的趨向，它們隱藏在暗中沒有被揭示出來。在單一的事件中，無法區別出特殊的因素，因此也就不能闡明事實的眞相。

由今知古

各時代的統一性是如此緊密，古今之間的關係是雙向的。對現實的曲解必定源於對歷史的無知，而對現實一無所知的人，要了解歷史也必定是徒勞無功的。我曾說過我和亨利·皮雷納一同去斯德哥爾摩遊覽的逸事，快到那裡的時候，他對我說：「我們先參觀什麼地方呢？好像那裡新造了一座市政大廳，我們先去那裡吧。」似乎是爲了打消我的驚愕，他又說：「如果我是一個文物收藏家，眼睛就會光盯住那些古老的東西，可我是個歷史學家，因此我熱愛生活。」這種渴望理解生活的欲望，確確實實反映出歷史學家最主要的素質。雖然他們的氣質有時顯得冷漠，但出色的歷史學家無不具備這種素質。儘管浮士蒂爾和麥特蘭文風很簡樸，但他們也和密芝勒一樣熱愛生活。或許這種素質是仙女的禮物，除非在搖籃中得之天授；自然，這並不意味著以後不必經常運用和發展這種素質。舉出與當今世界經常保持聯繫的例子，我想亨利·皮雷納是再恰當不過了。

只有置身於現實，我們才能馬上感受到生活的旋律，而古代文獻所記載的情景，要依靠想像力才能拼接成形。我多次讀過或敘述、描繪過戰爭，可在我親身經歷可怕而令人厭惡的戰爭之前，我又是否眞正懂得「戰爭」一詞的全部含義呢？軍隊被包圍，國家遭慘敗，究竟意味著什麼呢？在我親身感受到一九一八年夏秋勝利的喜悅之前（啊！雖然勝利的芬芳不會完全一樣，但我仍衷心渴望它再次重現），我是否眞正理解「勝利」這美麗的詞所包含的全部意義呢？最終，人們總是自覺或不自覺地借用日常生活經驗，並加以必要的取捨，賦予新的色彩來再現歷史。若對活著的人一無所知，那麼我們用以描繪古代觀念和已消亡的社會組織形式的名詞，也就變得毫無意義了。如果以一種謹愼的、批判的態度來取代本能的印象，以此來考察歷史，那麼其價値將成百倍地增長。我想，一位數學家的偉大，並不因爲他對現實世界懵然不知而有所減色；但是，一個學者如若對周圍的人、物或發生的事件漠不關心的話，那麼，就如皮雷納所言，應該將他稱爲古董迷，他還是明智一點，還是不要自稱歷史學家爲好吧。

而且，歷史感的培養並非總是侷限於歷史本身，從某種意義上說，有關當今的知識往往能以一定的方式更爲直接地幫助我們了解過去。

如果認爲史學家考察歷史的順序，必須與事件發生的先後完全吻合，那眞是個極大的錯誤。雖然他們事後會按歷史發展的實際方向敘述歷史，但在一開始，卻往往如麥特蘭所言是

「倒溯歷史」的，這樣更爲便利。任何研究工作，其自然步驟往往是由已知推向未知的。當然，這也不是說時代愈近文獻資料愈詳盡，例如我們對西元十世紀時期西方歷史的了解，就遠不如對凱撒和奧古斯都時代的了解。然而，在大多數情況下，時代愈近，事情就愈清晰。如果機械地由古及今研究歷史，我們就可能爲尋求現象的起因而浪費時間，結果那些所謂的起因也或多或少是想像的產物。正當需要謹慎運用倒溯研究方法之時，一些傑出的歷史學家卻忽視了這種方法，因此，他們有時也會犯些奇怪的錯誤。浮士蒂爾・德・古朗治畢生研究他所謂封建制度的「起源」，恐怕他只是提供了一幅模糊的景象，由於受第二手資料的錯誤引導，他給農奴制的起源塗上了一層完全虛假的色彩。

爲了闡明歷史，史學家往往得將研究課題與現實掛鉤，這種事例比人們的通常想像要多得多。前面已經提到，法國農村地貌某些基本特徵的形成可追溯到遠古時代。然而，爲了說明那些指引我們探索渺茫的起源所必需的稀有資料，爲了能提出正確的問題，甚至爲了知道我們究竟在談些什麼，就必須確立一個基本的條件，那就是先得考察和分析現在的地貌狀況。只有透過現在，才能窺見廣闊的遠景，捨此別無他途。當然，這並不意味著，在追尋歷史源頭之時要把永遠靜止不變的景象強加給每個階段，史學家所要把握的正是它在每個階段中的變化。但是在歷史學家審閱的所有畫面中，只有最後一幅才是清晰可辨的。爲了重構已消逝的景象，他就應該從已知的景象著手，由今及古地伸出挖土機的鏟子。

只有一門科學，它既要研究已死的歷史，又要研究活的現實，這門學科該如何命名呢？我在前面已論述了，爲什麼「歷史」這個古老的名詞是最爲合適的。歷史包羅萬象，無所不言，它使我們想起先輩那些動人心魄的豐功偉績，（與時下某些偏見相反）我建議將歷史學的範圍延伸到當代，但這並不是爲了給自己的專業爭地盤。人生有限，知識無涯，即使是最偉大的天才也難以窮盡所有人類的經驗。有些人主要研究當代事務，有些人則主要專攻石器時代或埃及學，我們僅僅想提醒二者，歷史研究不容畫地爲牢，若囿於一隅之見，即使在你的研究領域內，也只能得出片面的結論。唯有總體的歷史，才是眞歷史，而只有透過眾人的合作，才能接近眞正的歷史。

當然，我們不能完全依據一門科學的對象來對該學科加以定義，但卻可以憑藉恰當運用於該學科的方法之性質來確定其範圍。

最後，研究歷史的手段，是否要由於課題的靠近現實或脫離現實而截然不同呢？這樣，也就自然提出了歷史考察的全部問題。

第二章　歷史的考察

歷史考察的一般特徵

首先，讓我們把自己嚴格地界定在研究過去的範圍內。

人們已反覆描述過，歷史資料在有限的一般意義上所具有的最明顯特徵。有人肯定地說，歷史學家絕對不可能直接觀察到他所研究的事實。沒有一個埃及學家看過拉美西斯，沒有一個研究拿破崙戰爭的專家聽過奧斯特里茨戰役的炮聲。我們只能通過目擊者的紀錄來敘述以往的史實。因此，我們就處於一種困境，就如同警官要力圖重構犯罪現場一樣，又好像一位臥病在床的物理學家，只能通過實驗師的報告來了解實驗的結果。總之，與對現在的了解相反，對過去的了解必然是「間接」的。

這些話的確是有道理的，但仍有必要認眞地加以修正。

假設某司令員剛打了一次勝仗，便馬上開始親自筆錄戰役的經過。而且這場戰鬥是他策劃並親自指揮的，戰場不大，廝殺自始至終幾乎都在他的視野之內（爲了便於論述，我們假設這場戰鬥的空間極爲有限）。然而，我們可以肯定，在戰役的幾個關鍵時刻，他不得不參考部下的報告。要記錄這件事，他就得再查閱一下剛才在戰鬥中看過的報告。讓我們想一想，作爲一位在戰火中指揮部隊的司令員，究竟最需要什麼樣的情報呢？是他用望遠鏡看到的混亂戰況，還是由通訊員和副官送來的火線急件呢？何況司令員也不能觀察他自己。可見，即便是這般圓滿的假說，所謂直接的觀察也不過如此了吧？儘管「直接」的觀察對於研究現狀具有得天獨厚的優勢。

事實上，只要觀察者稍微擴展一下他的視野，就可能造成錯覺。我們已知的絕大部分東西都是通過別人的眼睛來了解的。假如我是一位經濟學家，就會透過統計資料來掌握本月或本周的貿易狀況，而這些資料並不是我本人親手編制的。假如我是一個研究現狀的人，就會致力於試探公眾對當今重要問題的看法，我會提問和記錄，然後將人們的回答加以比較和統計。我所掌握的僅僅是他們結結巴巴表述出來的觀點，這些觀點爲他們所相信，也是他們所願意透露出來的。這些觀點都是我的研究對象，我只能透過他們所願意提供的資訊來了解公眾的情緒；相反地，生理學家可以解剖豚鼠，親眼目睹病灶或畸變這類研究對象。事件、行爲和語言組成了一個團體的命運，它猶如一塊巨大的掛毯，個人的認識能力是極其有限的，他只能看到大掛毯的小小一角，而且他只能直接知道自己的情緒。因此，無論在何時，人類所有的認識大部分是得於他人。在這一點上，和歷史學家相比，現狀研究者的處境也好不了多少。

儘管如此，我還得說幾句：觀察過去，即便是面對遙遠的過去，難道肯定總是「間接」的嗎？

不難理解，爲什麼那些古老的知識會給許多歷史理論家留下如此深刻的印象。這是因爲他們主要依據事件乃至某一個歷史片斷來考察歷史，精確地再現少數要人的活動、言論和態度視爲頭等大事，（這樣做有時對有時錯，此刻卻是無關緊要的）從而組成一個相對短暫的場面，就好像古典戲劇那樣，在這個舞台上，集合了在革命、大戰、外交會見之類非常時刻中起作用的各種勢力。據說，一七九二年九月二日，在貴族府邸的窗下，朗巴爾親王夫人的頭顱曾被挑在矛尖上示眾。此事是眞是假？皮埃爾·卡隆曾就九月大屠殺寫過一部史料詳實的著作，但他對此事的眞僞未發表意見。假設他當時能站在大教堂的塔樓上目睹恐怖的送喪行列，而且在這種情況下，還能保持學者不偏不倚的立場，並不輕信自己的記憶力，他就會小心地記下當時的所見所聞。無疑，在這種情況下，若將史學家的處境與可靠的現場觀察所得相比，史學家就會相形失色，就好比排在一支縱隊末尾的士兵。消息是從前往後傳的，站在末尾顯然不利於正確蒐集情報。前不久，我參加了一次晚間急行軍，從隊伍前頭傳來「注意，向左有炮彈坑」，而最後一個人聽到的卻是「向左」，他就向左走，結果掉進了炮彈坑。

然而，還存在其他的可能性。考古學家已修復了一些陶甕，甕裡裝著小孩的遺骨。西元前幾千年，這些陶甕就被牢牢地封存在敘利亞某個城堡的牆內，沒有理由認爲這些遺骨是人們隨意扔在那裡的，所有的證據表明，我們面對的是古人獻祭的遺跡，祭禮是在城堡奠基時舉行的，或起碼與此多少有些聯繫。對於這些典禮所反映的信仰，我們必須參照同時期的證據，如果沒有那種證據，就得用其他的證據來加以類比。要不是透過別人的記載，我們又怎能理解一種陌生的信仰呢？有必要重複一下，這一事例中所有有關意識的現象對我們都是非常陌生的。僅就獻祭一事而言，我們的情況也是完全不同的。地質學家一旦發現菊石的化石，就能了解活的菊石；物理學家根據布朗運動的原理研究分子在懸浮狀態中的反應，就可以看見眞正的分子運動。要知道，確切地說，我們史學家未必比他們更直接掌握事實，但是排除其他可能的解釋，我們可以透過簡單的推理，根據實物來證明事實。做出這種基本的解釋並不需要在我們與實物之間介入其他觀察者，這是人本能的思維反應，否則感性認識就不會上升爲理性認識了。方法論者一般認爲，史學家透過別人來得到「間接」的知識，或許用

「間接」一詞未必十分貼切，它迫使人們指出存在著中介物，但又不清楚地說明爲什麼這個中介必須是人。不過，我們還是接受通常的說法，不要再吹毛求疵了吧。總之，從這一意義來看，我們對古代敘利亞封存祭品的認識確實沒有什麼「間接」可言。

還有很多這類可以接觸到的遺跡，這不僅包括大量非文字的遺物，也包括大量文字資料。著名的史學方法論者對考古學的技術不屑一顧，其態度傲慢得令人吃驚，他們沉湎於記事的資料範疇和事件的活動範疇，只和這類東西打交道，若不是這樣，他們就不會輕易斷言史學家的考察方法永遠是被動的了。在迦勒底的一個羅馬貴族墓穴裡，人們發現了用綠寶石做的項鏈珠子，而離迦勒底最近的綠寶石礦產地是印度中部和貝加爾湖的鄰近地區。顯然，可以由此得出結論：早在西元前三千年，幼發拉底河下游的城市已與遙遠的地方有貿易往來。這個推論可能對也可能不對，然而，它歸納出一個最典型的例證，推論是以對事實的觀察爲依據的，其他人的言論與此絕對無關。實物還不是唯一可供我們了解的第一手資料，一個語言符號、一項體現在文獻上的法律條款、一種由經文來解釋或由石碑來代表的宗教禮儀，同遠古時代的燧石或石器時代匠人製作的斧子一樣，都是實際存在的事物，我們完全可以運用自己的智力來了解這些東西並加以闡述，並不需要其他人來代爲解釋。讓我們回到剛才的類比，可見史學家並非一定要透過他人的眼睛，才能看到自己實驗室的工作進展。確實，在實驗結束之前他不可能得出結論，但是在有利的情況下，他可以親眼看到實驗所留存的某些遺跡。

因此，我們可以用暢曉易懂的語言對無可爭議的歷史考察的特性加以定義。

正如弗朗索瓦·西米昂所言，對歷史上人類全部活動的認識，包括對當今人類大部分活動的認識，都是對其活動軌跡的認識。這就是歷史觀察最基本的特性。無論是埋在敘利亞城牆裡的遺骨，或是能代表一種習俗的詞語之形成與用法，還是古代或近代一些事件目擊者的著述，如果它們不是一種可以透過感官來認識遺存的「軌跡」或「痕跡」的話，那麼，我們所謂難以獲得的「史料」究竟意義何在呢？

至於原物在本質上是否能被感知，這些都無關緊要，如只有在陰極射線管中才能看到原子運動的軌道；有些東西因時間的影響已今非昔比，如已腐爛了幾千年的蕨草在煤塊上已留下它的痕跡，再如埃及廟宇牆上所畫的久已廢棄的宗教典禮及其文字說明。無論在哪種情況下，重構的程式都是相同的，每一門科學都能就此舉出各式各樣的例子。

各個領域的許多研究者都能運用這種方式，即透過觀察一種現象所產生的其他現象來認識主要的現象，但這絕不表明他們都採用了相同的方法。如一方面，物理學家就能顯示物質運動的「軌跡」，另一方面，他們又不得不正視各種變幻莫測的力，他們根本無法左右這些力的運動。因爲具有這些變數，所以物理學家的地位也就千變萬化。人類活動觀察者的處境又將如何呢？這又引出了年代學的問題。

所有稍微複雜一點的人類活動，都不可能加以重現或故意地使其重演。這似乎是不言而喻的，我們將在後面再討論這個問題。心理測試可以衡量人們的智力和情感的最細微差別，測出人們最基本的感覺。這種方法只對個人適用，但幾乎完全不適於測試集體心理。人們不能，即使能，也不敢蓄意激發一場瘋狂的宗教騷亂或宗教運動。然而，如果他研究的事物就發生在現在或不久之前，觀察者就不會如尋找遺存的「軌跡」那樣難以著手。不論他多麼無能，也能重述或按照自己的好惡來描繪其發展的狀況，他可以將其中某些東西逐字記錄下來，這就是目擊者的報導。

要使一八〇五年十二月八日發生在奧斯特里茨的事情在今日重演是不可能的。然而，假設我們提這樣一個問題：某軍團在戰鬥中表現如何呢？要是拿破崙在停火幾小時後想知道這一點，他只要叫部下做個匯報就行了。如果根本沒寫過這部公開或祕密的報告，或者成文的報告已遺失，那麼，我們為拿破崙假設的問題就算白提了。如同其他許多比這更重要的問題一樣，它很可能永遠不會有答案。史學家提出問題，但他並不幻想能像尤利西斯那樣使幽靈復活，納庫里阿的奇蹟早已過時了。除了前代留下的史料可供我們思索之外，沒有其他辦法能使時光倒轉。

不應誇大「現時」的優越性，假設在奧斯特里茨的某兵團官兵已全部陣亡，或者簡單地說，在倖存者當中，再也找不到記憶和注意力可靠的目擊者，那麼拿破崙也未必能比我們更了解戰況。任何人哪怕稍微參與過一次重大戰役，就會明白，有時根本不可能在戰後幾小時內確知主要的戰況。有必要指出，並非所有的歷史「軌跡」都能說明過去，以啓未來。如果海關在一九四二年十一月沒有每天登記商品進出口的情況，我在一九四二年十二月就根本無法知道前一個月的外貿狀況。總之，如前所述，研究遠古和近代之間的差別，僅僅是一個「度」的問題，它並不涉及研究的基本方法。當然，差別是重要的，但只有考察後果才是恰當的。

我們可以下一個定義：「過去」就是以後不會改變的資料。但對過去的認識卻在漸漸深化，這種認識時常變化，並日益完善。如若不信，就請回顧一下近一百多年來的進展吧！許多人類活動的領域已從黑暗中顯露出來，人們已揭開古埃及和迦勒底神祕的面紗。在中亞湮沒無聞的古城裡，人們發現了死文字和久已失傳的宗教。最近，在印度河岸邊的墓穴裡，發現了確切無疑的古代文明。不僅如此，聰明的學者還在查閱古代文獻，發掘古代的遺址，從而使歷史的畫面更爲豐富多彩。然而，或許這還算不上唯一最有效的方法，一些過去未爲人知的研究技術業已問世。人們利用語言學來考訂古代的習俗，透過研究工具來考察古代的工藝，在這些方面，我們的水準都已超越前人。此外，我們已知道怎樣更深入地分析社會發展狀況，對大眾禮儀和信仰的研究剛剛起步，經濟史也才初具規模。就在不久前，庫爾諾根本想都沒想過是否要把經濟史列入各類歷史研究的範圍之中。

所有這些都是確確實實的，它給我們帶來極大的希望，但希望並不是無止境的。如化學那樣的科學可以開創自身的題材，實質上具有無限發展的意義；史學卻不行，歷史研究者從來不能無拘無束，歷史是歷史學家的暴君，它自覺或不自覺地嚴禁史學家了解任何它沒有透露的東西。在文獻上沒有詳細記載墨洛溫王朝時期的物價，因此，我們永遠無法列出當時的價格統計表。再如，我們能從帕斯卡和伏爾泰同時代人的私信及懺悔錄中了解人們的思想，卻永遠無法充分了解十一世紀歐洲人的思想，因爲僅存一些用傳統風格撰寫的蹩腳的人物瑣記。由於這些缺欠，那一整段歷史就難免顯得蒼白而又缺乏個性。還是不要再抱怨了吧！人們時常嘲笑歷史這門年輕的學科不夠成熟，但是面對不可逆轉的命運，與那些根基堅實的學科相比，我們的處境卻未必更差。這是一切以過去爲研究對象的學科共同的命運。即使文獻匱乏，史前史的研究者仍力圖重構石器時代的宗教儀式，古生物學家也要從蛇頸龍的骷髏中找到它的內分泌腺。在同樣的情況下，前者未必比後者更無能爲力。「我不知道、我沒辦法知道」，這種話聽起來總是不順耳，尚未竭盡全力進行過研究的人是不應該講這種話的。不過，有時即便是最嚴謹的學者，在做過各種嘗試之後也只得老實承認自己的無知。

證據

「在這裡發表出來的，乃圖里邑人氏希羅多德的研究成果，他之所以要把這些成果公諸於世，是爲了保存人類已取得的那些偉大成就，使其不致因年代久遠而湮沒不彰，也爲了不使希臘人和異邦人那些可歌可泣的豐功偉績失去應有的光彩。」這是西方第一部史書的卷首語。這部書流傳至今，只有少許殘缺。爲了說明問題，讓我們把希羅多德的《歷史》與法老時代埃及人放在墓穴中的遊記加以比較，然後對比一下這兩大範疇的原型，將史學家所掌握的形形色色史料加以畫分，就可以看到，第一組的證據是有意的，而第二組則不是。

爲了尋找資料，一方面我們閱讀希羅多德和佛羅莎特的史著、霞飛元帥的回憶錄，以及當時英德兩國報紙就護航艦在地中海遭襲事件所做的截然相反的報導。我們所做的，正是作者希望我們做的事。另一方面，《死者書》中的信仰表白，是爲了讓危在旦夕的人向神吟誦；湖邊的居民把垃圾倒入附近的水中，只是爲了棚屋的清潔，而今日的考古學家卻要把這些東西復原。羅馬教廷的豁免令被小心翼翼地藏在修道院的保險箱裡，也只是爲了有朝一日與那位膽敢干預教義的主教攤牌。上述各種行爲根本就沒想到要影響當時或後來的歷史學家的看法。在一九四二年的今天，中世紀史學專家可以查閱義大利盧卡的西丹姆家族的商務通信檔案，然而如果他去動一動當今金融家的檔案，就會被他們斥爲膽大妄爲。來源於敘述的資料（讓我們沿用這個雕琢而神聖的習語），也就是那些有意要影響讀者的記載，仍然對學者的研究具有價值。它還有另一個好處，儘管這些敘述不夠連貫，但通常只有這類資料能給我們提供一個編年的框架。要是沒有希羅多德的記載，史前史專家和印度史學者該怎麼辦呢？然而，在發展的進程中，歷史研究無疑認爲第二類史料更爲可靠，也就是那些目擊者無意識記下的證據。我們只要將洛林或尼布爾所著的羅馬史與當今一些簡短的羅馬史論文加以比較，就可以看出，前者的大部分史料取自李維、蘇托尼阿斯和弗洛魯斯，後者的主要依據則是古代的銘文、紙草文書和古幣。唯有通過這種方式，才能重新完整地揭示歷史的橫斷面。所有的史前史、經濟史和社會結構史的研究概莫能外。即使在今天，我們更想得到的不正是官方的內部文件和絕密的軍事報告，而不是那些一九三八年、一九三九年的所有報紙嗎？

這並不是說第二種類型的史料不會出錯或作僞。有許許多多僞造的訓令，大使的報告和商務信件的內容也未必全部眞實可信。就算有這種欺騙行爲，至少它也不是要蓄意欺騙後人的。而且過去無意中留下的遺跡還可以填補歷史的空白，考辨史實的眞僞，也可以幫助我們預防無知或失實這類絕症。若不是借助這類史料，當歷史學家將注意力轉向過去之時，難免會成爲當時的偏見、禁忌和短視的犧牲品。中世紀史專家就會認爲農村公社無足輕重，因爲中世紀作家很少談及農村公社；他們就會忽略強大的宗教勢力，因爲在當時的文獻中這類記載的重要性遠不如貴族戰爭。總之，求助於密芝勒所喜愛的形象，史學將不再是舊時代的大膽探索者，而是成爲舊編年史家亦步亦趨的門生。

而且，即便急於要找到證據，我們首先注意的也不再是文獻記載。一般來講，如果允許偷聽的話，我們總會豎起耳朵傾聽那些人們不打算說出來的事情。聖西門的著作中究竟哪些對我們最有啓示呢？是那些虛構的君主制下的事件報導，還是《回憶錄》中有關太陽王宮廷裡那位大貴族思想的精彩闡述呢？中世紀的作家撰寫了許多使徒行傳，他們自以爲描述了這些虔誠人物的生涯，但其中至少有四分之三並沒有告訴我們多少實質性的東西。從另一方面來看，假如我們把這些傳記作爲反映作者所處時代的生活和思想材料，來加以參照（所有這些都是作者在無意中透露出來的），其價值就無與倫比了。儘管我們難免受到過去的制約，並永遠只能透過昔日的「軌跡」來了解過去，我們對過去的了解還是要比它本身願意告訴我們的更多。這才是我們的成功之處，確切地說，這就是精神對物質的輝煌勝利。

一旦我們不再完全相信前人的文字記載，而執意從中發現他們不願說出的東西，那就更有必要質疑問難、反覆論證，這肯定是正規歷史研究的首要前提。

許多人，甚至包括某些史學手冊的作者，對歷史研究的程式持有非常簡單化的看法，他們認爲先要有史料，因而史學家就蒐集史料、審讀文獻、考辨眞僞，然後，也只有在這時才加以應用。這種看法是有問題的，史學家從來不是這樣工作的，儘管有些人突發奇想，自以爲是這樣做的。

即使是看來明白無誤又極有價值的文獻或考古資料，也只有在經過適當分析之後才能說明問題。在索姆河的沖積層裡有許多人工燧石，而在布歇·德·波爾特之前，並沒人對此加以研究，也就沒有史前史可言。作爲一個長期研究中世紀史的學者，我深知值得研讀的莫過於契據簿，那是因爲我知道該怎樣來研究它們；而古羅馬的銘文輯錄卻對我用處不大，雖然多少能讀懂一點，卻不知如何分析研究。換句話說，著手研究歷史時任何人都是有目的的，開始時肯定有一種指導思想。純粹消極的觀察（假設有這種情況），絕不會對科學有所貢獻。

當然，我們不應該犯錯，對史料的質疑很可能是出於本能的行爲。儘管如此，錯誤還是難免的。學者並沒有意識到，過去的信念和禁忌、傳統思想和習以爲常的見解，乃至世俗的偏見會侵蝕他們的大腦，支配他們的思想，我們絕不像自以爲是的那樣毫無成見。對一個新手的勸告，最糟的莫過於教他耐心等待，勸他從文獻中尋找靈感。這種行爲使本來設想不錯的研究陷入僵局或絕境。

當然，質疑的方法必須是富有彈性的，是可以隨機應變、因地制宜的，而它又有磁鐵一般的吸引力，最終能使人在資料中有所發現。探險者清楚地知道，雖然制定了旅程方案，卻未必會完全按照計劃的路線走，而如果沒有方案，他就會一直漫無目的地閒逛。

歷史證據的類型之多簡直不勝枚舉。一個人的言論文字、所製造的產品以及接觸過的東西，都可以也應當能夠使我們對他有所了解。有趣的是，不妨注意一下有多少對歷史研究一無所知的人卻低估了這種可能性。因爲他們仍抱著陳舊的史學觀念不放，而昔日的史學家甚至還不懂得怎樣辨認有意製造的證據。在非難「傳統史學」時，保爾・瓦萊里曾舉例說明：「電征服了地球，它對人類歷史的意義和未來的潛在影響遠遠大於所有政治事件的總和。」儘管如此，歷史學卻對這類值得注意的現象熟視無睹。對他的看法，我們表示由衷的讚賞，但令人遺憾的是，迄今尚無人重視這個龐大的課題。瓦萊里或許感到批評得過於嚴厲了，又爲歷史學家開脫他所責難的錯誤——由於缺乏專門的資料，史學家必然無法正視這一問題。當矛頭從學者轉向學科時，這一回他所發的牢騷就敲錯了門。誰能相信電氣公司沒設檔案，沒有耗電紀錄和擴大電網的圖表呢?事實是，迄今爲止史學家根本就無視這些資料，除非檔案保管員把那些資料視爲至寶而祕不示人，否則，該責怪的還是歷史學家自己!還是耐心點吧，歷史學並未達到其應有的成就，但不能因此而把歷史學當做替罪羊，錯誤應歸咎於那些劣等的史著。

史料的多樣性令人吃驚，因而導致了嚴重的困難。我們試舉出幾個歷史專業上懸而未決的自相矛盾之處。

如果認爲研究每個歷史問題都具備專門的資料，那簡直是幻想；相反地，研究越深入，就越可能從不同來源的資料中發現證據。宗教史家怎麼會滿足於查閱少量神學手冊和讚美詩呢？他完全知道，教堂牆上的壁畫、雕塑及墓穴裡的陳設，同當時的抄本一樣都能反映出死者的信仰和情感。我們已有的關於日耳曼入侵的知識，不僅來自對契據和編年紀的研究，也來自古墓的發掘和地名的考證。要了解當代的事務，情況也同樣如此。至於要了解現代社會，難道僅僅埋頭閱讀議會爭論和內閣文件就足夠了嗎？還要具有研究財務報表的能力，而不至於像外行對象形文字那樣對此一無所知，難道沒有這個必要嗎？在機器盛行的時代，難道能允許史學家對機器的構造和改進視而不見嗎？

幾乎研究所有重大的人類歷史問題都要求掌握各種不同類型的證據，那麼就有必要根據證據的類型畫分專業的分支。要學會其中一種都得花費很長的時間，要全部掌握這些技術就需要更長的時間，還要不斷操練。例如，沒有學者敢自詡既能審讀中世紀的契據，又能正確詮釋地名的起源；既能確定史前時期、凱爾特時期或高盧——羅馬時期民居遺址的年代，又能分析適合生長於牧場、田野或沼澤地的植物。然而，沒有這些能力，誰又膽敢聲稱自己已具備了撰述土地史的能力呢？看來，幾乎沒有一門科學像歷史學那樣需要同時具備不同的手段，而在動物王國中，人的行爲最爲複雜，因爲人是萬物之靈。

認識到工具的重要性和掌握工具的難度，至少史學家應該對本專業所有主要的技能有所理解。這種做法是可取的，在我看來也是必不可少的。我們要求初學者應掌握的「輔助學科」還是太少了，一個唯有通過語言才能對研究對象有所了解的學者，居然對語言學的基本知識一無所知（且不論其他缺陷），這不是太荒唐了嗎？

但是，無論我們如何努力使學者多才多藝，他們仍然會很快發現自己能力的侷限性。看來，只有以合作的方法取代個人掌握多種技能的做法，捨此別無他途。可以由各種專家共同研究某個專題。合作精神是先決條件，還需要對一些主要問題取得共識，並事先做出界定。要達到這些目的還有很長一段距離，然而，從長遠的觀點看，這最終會成爲未來歷史學的主流。

證據的流傳

史學家最困難的任務之一就是要蒐集必需的資料，如沒有各種指南，他根本無法蒐集資料，這類指南有檔案圖書目錄、博物館的索引、各式各樣的書目提要等。有些學者為編這類工具書犧牲了大量時間，要掌握這些工具也得花費大量時間。有人對此頗不以為然，在他們看來，這種事情即使有某些內在魅力，也毫無浪漫色彩可言，把時間輕擲於此簡直是浪費精力。假設我對聖徒崇拜者的歷史很感興趣，卻對波朗德派神學家編的《聖徒行傳目錄索引》一無所知，又由於在這方面功底太淺，我必然會因此付出愚蠢而無益的代價，其代價之大是外行人所難以想像的。圖書館裡保存著大量工具書，還有專門的指南手冊介紹其分類細目，這並不值得大驚小怪。真正令人遺憾的是，這類書不是太多而是太少了，最近這段時期則更少，尤其在法國，這類書的編寫幾乎沒有一個合理而全面的計劃，時常會因某些人的變卦而中止，出版社也時常削減這類書的出版。埃米爾·莫利居那本《法國歷史資料集》編得相當不錯，可自一九○一年問世以來就從沒修訂再版過。這一簡單事實本身就是嚴厲的控訴。當然，工具不會產生科學，但一個自稱尊重科學的社會絕不應該忽視工具；然而完全依靠編工具書爲生的學術機構也是不明智的，他們吸收新成員講究資歷的做法和保守的學術觀念，更不利於培養開拓精神。如同明明已進入汽車時代，我們的軍事學院和總參謀部卻死抱著牛車時代的觀念不放。

這種情況在法國並非獨一無二。如果學者對他要開拓的領域沒有初步的設想，那麼工具書編得再好再多也無濟於事。事實並不像有些初學者所想像的那樣，史料會如同神仙變物一般突然自行變成你想要的東西。史料能否從這家檔案館或那家圖書館的角落被發掘出來，全靠人爲的因素，對此應該加以研究。史料在流傳時所遇到的問題與過去的生活有相當密切的關係，這不僅對技術專家有重要意義，而且涉及上一代如何將記憶傳給下一代的關鍵問題。一部嚴肅的史書總會附有參考資料的目錄和引文出處，這很好，但又不夠，每一本名副其實的歷史著作都應包括一章自白，或在適當的地方插入幾段，小標題可寫成「寫作緣起」。我相信，即使是外行人在閱讀這類「自白」時，也能體驗到一種精神樂趣。了解一下研究工作的酸甜苦辣是絕不會味同嚼蠟的，只有平庸的文章才是枯燥無味的。

有時我得接待一些人的來訪，他們想編撰本村的方志。我總是給他們如下忠告（爲了避免一些學術細節，我說得簡單一點）：「除了最近這些年，農村是沒有什麼檔案的。但另一方面，長期以來，領主制卻發展得相當完善，領主通常很早就開始保存有關文書，有關一七八九年之前的歷史，尤其是古代歷史的史料，即你所希望得到的主要史料均來自領主文書。『在一七八九年誰是莊園的領主呢？』你首先得回答這個問題，這是一切的關鍵（事實上也可能由幾個領主統治一個村莊，但爲使問題更爲簡明，我們暫且排除這一假設）。這個問題存在著三種可能性：領主可能由教士擔任，或可能屬於在大革命時期遷往外地的移民，也可能是沒有移居外地的當地人。第一種情況最爲有利，那些文書可能既古老又保存完好。根據民法有關教士的條款，這些東西肯定已於一七九〇年連同土地一起被沒收了，後來被存放於公共機構，很可能完整無缺地保存至今，可爲學者利用。假設領主已移居外地，那也還可以；在那種情況下，文書應當被沒收或轉手，當然也可能被當作可憎的舊制度的遺毒而被人任意銷毀，最怕發生這種事情，但也不是沒有這種可能，果眞如此就糟了。如果舊貴族沒離開法國，或由於公共安全法，他們的財產將安然無恙。因爲各地都廢除了領主制，他們當然已喪失領主權，但還保存全部私有財產，其中也包括事務性的文件。由於這些檔未被國家充公，在這種情況下，我們要找的東西將面臨和其他家庭文件一樣的命運：既未遺失，也沒給老鼠啃壞，更沒有因主人出售家產或遺產交割之類變故而散落在幾處房子的小閣樓內，可誰也沒辦法強迫文件的主人允許你去查閱這些文件。」

我之所以舉這個例子，是因爲它相當典型地說明了蒐集史料的先決條件。對此做一些深入的分析將是十分有趣的。

剛才我們已看到大革命時期沒收財產的作用，它就像一位庇護學者的女神，儘管她名爲「災難」。無數古羅馬的自治城已變爲義大利平凡的小村莊，考古學家要在此發掘一點古代的遺址眞是困難重重，而維蘇威火山的爆發卻保存了整個龐貝城。

當然，災難並不總是有利於歷史學的。價值無比的古羅馬帝國政府文件連同成堆的文學、歷史手稿就曾在蠻族入侵之時毀於一旦。我們也曾親眼目睹，在這塊具有光榮傳統的土地上，有多少歷史紀念館和檔案庫在兩次大戰中被夷爲平地，我們再也不能翻閱古代伊普爾商人的信件了。在法軍潰敗之際，我也曾看到人們故意把軍事文件燒爲灰燼。

有時社會的持續和平，也未必如想像的那樣對史料的流傳十分有利。革命者衝破了保險櫃的鐵門，部長們還來不及燒毀祕密文件就倉皇出逃了。在早期的司法檔案中，有關破產的紀錄向我們透露了商務文件。若在當年這些文件過了有效期，肯定早就被送到造紙廠去了。好在修道院的體制經久不衰，聖丹尼斯大教堂直到一七八九年仍保存著幾千年前墨洛溫王朝國王授予他們的特許狀，今天我們才可以在國家檔案館查閱這些東西。假設聖丹尼斯的教士逃脫了大革命的衝擊，他們能容忍我們染指這些珍藏嗎？恐怕耶穌會也不會允許外人接近其收藏吧。那麼，近代史上的許多問題也就毫無希望得到澄清了，法蘭西銀行也不會邀請研究第一帝國史的專家來查閱積滿塵埃的案卷吧。黑社會的精神實際上是各種團體與生俱來的。這樣，如今的歷史學家將發現自己處於十分不利的地位，也就是根本無法探知人們不願吐露的祕密。自然，他可以把朋友在耳邊透露的一點內幕消息作爲補償，而令人遺憾的是，史學家的智力是有限的，要辨別流言的眞僞又談何容易。一場大動亂反倒有助於歷史的研究。

因此，今後社會應當有組織地控制有關資料，以使人類更理智地認識自我，而不再靠動亂來獲取資料。要做到這一點，必須堅持兩大原則，以防止疏忽和無知。疏忽將導致資料的遺失，而更可怕的則是熱衷於保密，外交事務、商業往來及家庭私事均祕不示人，甚至銷毀有關資料。公證人自然不應披露委托人的情況，但法律居然不允許他把祖父輩委託人的合同書公諸於世，寧可讓這些文件化爲灰燼，這種做法實在是太落後於時代了。許多大企業拒絕發表那些對於國民經濟正常運行必不可少的統計資料，這也是不可取的。一切皆須保密已成爲行爲準則，甚至幾乎成爲資產階級的道德觀，或許在哪一天這種觀念會被渴求資訊和交流資訊的觀念所取代，那麼，我們的文明將向前躍進一大步。

還是讓我們回到鄉村史的話題吧。這個特殊的例子表明，證據的保存和遺失以及能否到手取決於一定的歷史條件。史料所反映的情況並不費解，儘管研究的結果取決於史料，但史料與研究的對象卻沒有邏輯的聯繫。因爲，史料的主人當時並未意識到要爲幾百年後的中世紀鄉村研究提供或多或少的資料，他也不會考慮是否要與聚集在科柏蘭茲的研究者通力合作。沒有什麼比這一點更顯得矛盾突出了。如果說我們對古羅馬治下的古埃及要比對同時代的高盧更爲了解的話，那並不說明我們對古埃及人更有興趣，而是因爲那裡乾燥的氣候、沙漠及製作木乃伊的習俗，使古代的文獻得以保存；在西歐的習俗和氣候條件下，這類文獻早就蕩然無存了。能否成功蒐集資料的條件和想要獲得資料的理由並不是一回事，這一不合理而又不可避免的因素使研究帶有一種固有的悲劇色彩。許多有識之士由此發現自己的侷限，找到了失敗的內在原因。

上述事例表明，一旦掌握決定性的因素，幾乎就可以預知那些莊園史料的下落，但情況並非總是如此。有時，許多單個因素的相互交叉才決定最終的結果，這是根本不可能預測的。據我所知，歷史悠久的聖・貝洛特・盧瓦爾大教堂的檔案曾遭到四次火災和一次搶劫，在這種情況下，又怎能預測劫後倖存的是哪種文獻呢？手稿的流傳本身就是一個有趣的研究課題。文獻還要經過圖書館的整理和抄錄，而圖書管理員和抄寫者的工作作風既可能一絲不苟，也可能粗枝大葉。用一句話來說，文獻的流傳與現實生活中文化主流的盛衰沉浮息息相關。即使是知識淵博的學者，也無法預知早已失傳的塔西佗手稿《日耳曼尼亞志》會在十六世紀的赫茨菲爾德教堂重見天日。總之，能否找到史料是難以預測的，因此就具有偶然性。一位很熟悉的同事曾告訴我，有一次他被困在炮火紛飛的敦克爾克海灘，不知會不會有人來營救，戰友看到他臉上並未露出焦急不安的神情，不由驚訝地喊道：「奇怪！在這種命運難卜的境況中，你居然還一臉不在乎呢！」我的同事本可以這樣回答：儘管大多數人抱有偏見，探索的精神卻不會任憑命運的擺布。

我們在前面曾經提出，認識歷史和認識現實的方法是不是相互對立的呢？現在答案已經有了。研究現實和考察歷史自有其不同的手段，根據各自的情況，兩者各有所長。前者能更貼切地把握現實生活，後者在研究中卻擁有前者不可能具備的有利條件。屍體解剖爲生物學家揭示了許多祕密，而活物研究在這方面是無能爲力的；同樣，活物研究所能說明的問題，屍體解剖也是無法回答的。然而，無論研究什麼時代，觀察的途徑幾乎都取決於人留下的「軌跡」，這一點是基本一致的。可見，研究要取得成效，就必須遵循考證的法則。

第三章　歷史的考證

考據方法的歷史概要

儘管對考證的理論一竅不通，再天眞的警察也知道，取證不能僅僅以人們的證詞爲依據。同樣，人們也早就知道，不可盲目地輕信所有的史料。人們早已有過這樣的經驗：發現爲數不少的抄本僞造年代和出處，有些記載全是虛構的，甚至有些實物也不過是贗品。在中世紀，面對著大量的假貨，人們自然養成了質疑的習慣。西元十一世紀，法國洛林的一個鄉紳被一夥手持文字證明的教士所控告，這時他憤怒地喊道：「任何人都能用墨水想寫什麼就寫什麼！」有名的文獻「君士坦丁的贈與」——所謂第一位基督教皇帝頒發的特許狀，就是西元八世紀一位羅馬教士僞造的。三百年後，虔誠的鄂圖三世周圍的人曾對其提出質疑。假古董幾乎從一開始就被人揪住不放。

頭腦簡單的人容易輕信，而過分多疑也不可取，它未必能導致積極的後果。第一次世界大戰時，我曾結識一位有名的獸醫，他根本就不相信報上登載的任何消息，這也許情有可原，但他卻熱衷於道聽塗說，對那些荒唐透頂的謊言偏偏深信不疑。

同樣，也不能過分依賴以常識爲標準的考證方法，這種方法是人們長期應用的唯一方法，至今對某些人仍頗有吸引力。實質上，所謂的常識往往不過是一些荒唐的假設和倉促歸納出的經驗之混合物。在物理學界，這種所謂的常識否認對立的同時存在，至今仍反對愛因斯坦的宇宙論。常識只能處理希羅多德記載的那類傳聞，希羅多德曾寫道：當船在非洲海岸轉向時，海員們發現，在某個方位太陽是西升東落的。在處理人類事務方面，常識最糟糕的地方就是把一時的觀察所得拔高爲永恆的眞理，這也是伏爾泰批判方法的主要缺陷，雖然它在其他方面頗具洞察力。每個時代都有其特殊性，有些思想意識在當時是很普遍的，在今天看來卻感到很特殊，這是因爲我們已不再有類似的思想。按照「常識」來判斷，鄂圖一世絕不會無償授予教會大片領土來取悅於教皇，因爲這既不符合他以前的行爲，也和其以後的做法不一致；然而，此事的權威性又不容置疑。我們不得不承認他的思維方式與我們迥然不同，那個時代，人們言行不一的程度委實令後人吃驚。

正如沃爾內所言，當人們從「懷疑」發展到「考證」時，歷史考據學才有了長足進步。也就是說，人們已漸漸制定出一套辨別眞僞的客觀標準。杰蘇伊特·帕佩布洛克在《使徒行傳》中對中世紀早期文物都深表懷疑，認爲保存在大教堂裡的墨洛溫王朝的特許狀全都是僞造的。「不！」馬比昂這樣回答。他認爲有些特許狀肯定已經過潤飾，有些內容曾被篡改，也有一些全是僞造，但也確實有一些眞本，問題在於如何去僞存眞。一六八一年《古文書學》的問世，標誌著檔案文獻考據學的創立，這是人類思想史上的一件大事。

而且，此書的出版在考訂方法史上也具有普遍而重大的意義。在此之前，人本主義的學者曾在這方面有些初步而直覺的嘗試，但沒有深入下去。蒙田《隨筆》中的一段話就是典型的例子，他在書中爲塔西佗記載凶兆祥瑞辯解。蒙田說，探討「共同的信仰」是神學家和哲學家的事情，史學家的職責在於根據資料來敘述歷史，**他們以所知的史實，而不是以自己的評價來表述歷史**。換句話說，以某些自然界或神學界的觀念爲依據進行哲學的批判是理所當然的，因此，蒙田認爲史家記載韋斯巴薌的奇蹟或其他類似的東西也是情有可原的。蒙田顯然不懂，對這種事情進行考證，尤其是歷史的考辨是完全可行的。歷史考據學形成於十七世紀，眞正的鼎盛時期是十七世紀下半葉，人們有時會搞錯這個年代。

當時，人們已對考據有所認識。一六八〇年至一六九〇年期間，人們常把「歷史懷疑論」斥爲趕時髦。米歇爾．勒瓦瑟曾這樣爲「歷史懷疑論」辯解：「善於質疑問難而不輕信盲從，才稱得上思維嚴謹。」「考據」一詞以往不過是指辨別味道之類的事情，此時才賦有檢驗眞理的新含義。起初，人們還不敢理直氣壯地用這個詞，往往說「用這個詞並不妥當」，言下之意等於說這個詞還僅僅是個技術用語。然而，它漸漸爲大眾接受，不過博緒埃對這個詞避之唯恐不及。當他說什麼「我們的考據家」時，人們可以察覺到他那不以爲然的神態。相反，理查德・西蒙卻在其所有的著作中都用這個詞爲標題。「考據」並沒有使人們過於謹小愼微，它標誌著新方法的誕生，這種方法放之四海而皆準。用埃里斯的話來說，「考據學猶如一支火炬，照亮了黑暗的歷史長廊，使我們能夠辨別眞僞」。培爾講得更清楚：「西蒙在其新著《答辯》中制定出一些考據的法則，這不僅對詮釋《聖經》本文幫助極大，而且對審讀其他文獻也不無裨益。」

讓我們查核一下幾位考據學家的出生年月。帕佩布洛克（雖然他對墨洛溫王朝特許狀的看法有誤，但仍不愧爲歷史考據學的創始人之一）生於一六二八年；馬比昂生於一六三二年；理查德・西蒙（其著作的問世標誌著《聖經》詮釋學的開端）生於一六三八年。在學者之外，還可加上斯賓諾莎，他生於一六三二年，撰寫了《神學政治學論》，此書堪稱語言、歷史考據學方面一部爐火純青的傑作。從嚴格意義來說，這是名副其實的一代人，其出生年代之接近簡直令人吃驚，更確切地說，這一代人出生之時，正是笛卡兒的《方法論》問世之日。

當然，我沒必要稱他們爲笛卡兒時代的人。馬比昂就是一個虔誠的教士、樸素的東正教徒，他最後一本小冊子是論《死亡的基督徒》。當時許多虔誠的宗教人士大多對新哲學持懷疑態度，馬比昂也不太可能對新的哲學觀點有多少直接的認識。即使他瀏覽過這方面的著述，也不會讚許其中的大部分觀點。不管克洛德·貝爾納在其著作中對那些所謂有名的章節提出過什麼看法，笛卡兒的確試圖透過系統的質疑並用數學論證來求得眞理；而歷史考據學和實驗科學則以逐步接近的方法來考訂事實，兩者並沒有多少共同之處。哲學孕育著整個時代的思想，但並不是說就一定要以千篇一律的公式框住人們的思想，也不等於說大多數人都要受到哲學思想的支配，人們只是不知不覺地受到它的影響。同笛卡兒的「學說」一樣，史料考訂學也自有其信仰的「白板」（tabularasa），它無情地打破舊的框架，唯一的目的就是推陳出新（或爲新說創造條件），然後加以周密的論證。換言之，它澈底改變了人們的舊觀念，在此之前，無論「質疑」使人感到刺痛，還是受到品德高尚人士的讚賞，人們還是將「懷疑精神」視爲純粹消極的思想傾向和虛無主義。在此之後，人們則認爲，合理的懷疑是獲取新知的必由之路。恰恰是在思想史關鍵時刻，出現了這種觀念。

總之，當時已確立考據方法的基本準則。其影響也非同一般，十八世紀巴黎大學在競爭激烈的哲學考試中曾出過這類頗有現代色彩的考題：「人們是如何證明史實的？」當然，這並不等於說後代沒有大大改進考據的方法，可畢竟是這一代人首先推廣了考據學，並拓寬了它的應用範圍。

在很長一段時間裡，幾乎只有一小部分學者、經學家、文物鑑賞家堅持應用考據的方法。撰寫高層次歷史著作的作者不願意將精力花在這類實驗手段上，在他們看來，考據實在是太繁瑣了，甚至對別人的考據成果也不屑一顧。正如洪堡德所言，化學家可不能怕弄溼手。對歷史學來說，將整理史料與編纂史書完全割裂開來，也會帶來雙重的危害。輕視考證使人們闡釋歷史的嘗試從一開始就帶有極大的缺陷。它不僅使人們忘卻求實這一史學基本職能，而且使歷史學難以不斷更新，無法取得驚人的發現；結果，必然使它在陳舊的模式中徘徊不前，因爲唯有通過艱苦的資料整理工作，才能有所更新和發現。另一方面，也使資料整理工作受害不淺。由於沒有明確的目的，人們就可能老是在那些深奧冷僻又無關緊要的問題上作文章，不冷不熱的博學遊戲無非是虛擲光陰，把手段當目的，爲考據而考據簡直是在浪費精力。

時至十九世紀，爲了抵消這些危害，人們自覺地做出了不懈的努力。德意志學派、勒南、浮士蒂爾．德．古朗治使博學達到了理性的高度。歷史學家又被召回到工作台邊。是不是大獲全勝了呢？這樣想就未免太樂觀了吧。研究工作仍然常常處於盲目徘徊的狀態，並不明確其用途何在。考據學尚未贏得「主人」由衷的讚許，「主人」的支持對任何學科的精神狀態都是關係重大的，對歷史學尤其如此。作爲研究對象的人都不理解我們的工作，我們又怎能認爲已大致完成了自己的使命呢？

事實上，我們並沒有徹底完成自己的使命。有時連一些出色的歷史學家也免不了畫地爲牢的陋習，錯誤的教學觀取代了名副其實的歷史概括，枯燥無味的歷史教科書泛濫成災，可笑的自卑使歷史學家離開書齋就怯於向世人介紹自己是如何探索研究方法的。長期以來，正是各種互相矛盾的偏見造成了這些惡習，歷史學的精華因此大爲遜色。他們蓄意以僞造的歷史迷惑無知的群眾，厚顏無恥又自以爲是，在其史著中充斥著形象化的垃圾和政治偏見，而絕無半點學術的嚴肅性。莫拉斯、班維爾和普萊克漢諾夫對此加以首肯，而浮士蒂爾．德．古朗治和皮雷納則大搖其頭。讀書界與史學界之間無疑存在著誤解，人們對歷史研究的實際狀況及其前景所知甚少。有關腳注的大論爭並不是偶然產生的，兩派人物就此展開了一場荒唐的決鬥。

書頁下端的空白對不少學者極有吸引力。有些參考書目可以在卷首列表說明，卻把它們擠入書頁的下端，這顯然是不合理的。更糟的是，純粹是因爲懶惰，便把本來應在正文說明的內容變成大段的注釋，以至於人們不得不從腳注來了解作品的主旨。當然，也有某些讀者動輒抱怨，說一看到腳注就頭暈，有些出版商也聲稱其顧客討厭這種字體不一的印刷品（事實上人們未必像他們所說的那樣過敏），這些唯美主義者只不過表明自己對學術道德最基本的準則一竅不通罷了。除非是自由的想像，史學家必須言之有據，正是出於實事求是的信念，他們才簡要地注明資料的來源，以備查閱。儘管人們對闡明眞相並不抱有敵意，但由於教條和神話的惡劣影響，當前的輿論很不重視考核事實。我們只要不因賣弄學問而敗壞歷史考據的聲名，就總有一天會說服人們，把是否歡迎商榷作爲尺度，用來衡量一門學科的價值，理性的力量終將取得輝煌的勝利。那些不起眼的注解和令人討厭的參考書目，雖然眼下因得不到理解而遭到嘲諷，它們卻正在爲那一天的到來而做著孜孜不倦的努力。

早期學者整理過的史料，大都署上他們的姓名，或者按照傳統注明某人某時所作，內容大多是有目的地敘述這樣那樣的事件。他們說的是實話嗎？所謂《摩西五經》果眞是摩西寫的嗎？署有克洛維大名的特許狀是眞跡嗎？《出埃及記》和《使徒行傳》的內容又有多少根據呢？這的確是個問題。由於歷史學越來越注重無意識的證據，不再爲資料中那些顯而易見的論斷所束縛，因此就必須從史料中挖掘出前人所不願提供的東西。

考據的原則既可以用於肯定，也可以用於否定。例如，我面前有一批中世紀的特許狀，其中有些標明了年代，有些沒有標明；注明年代的必須加以證實，因爲年代可能有誤，未注明的首先需要確定其年代。在兩種情況下，我做的是同樣的工作。即以原稿（假如它是原件）爲基礎，根據行文的拉丁文風格、它所涉及的制度以及說明法令制定經過的條文，我測定某些特徵與已知的西元一千年左右法蘭西公證人的行爲相吻合，假如特許狀上注有墨洛溫王朝的年代，那麼這顯然是作僞；假如特許狀沒有標明年代，那麼我就考出了相近的年代。同樣，考古學家如以年代和所屬的文明爲依據，對原始社會的生產工具加以分類，或以此來分辨假古董，都得遵循同樣的基本法則——透過研究、比較來確定制作的工藝和類型。無論是肯定還是否定，所用的方法是基本一致的。

史學家並不是粗暴的檢察官，有些小冊子往往把他們描繪成鐵面無私的形象。要知道，史學家並沒有變得輕信自大，他知道自己的論證也可能不對或曲解，但其主要的興趣還是搞清史料，讓史料說明問題，而無須更改其主要原則。考證的方法自有其長處，它成功地引導歷史研究走向更遠大的目標。

錯誤的證據不僅激發人們去探尋求眞的技能，而且可以進一步成爲改進考據分析方法的新起點，否認這一點肯定是錯誤的。

辨僞正誤

在所有歪曲證據的毒素中，最致命的莫過於有意作僞。

作僞有兩種形式，第一種是假冒作者和年代，用法律語言來說就是僞證罪。有瑪麗・安托瓦內特簽名的信件並非全是她的親筆信，其中有些是十九世紀的僞造品；所謂賽佛尼斯皇冠曾被當成西元前三世紀西徐亞——希臘時代的古董售予羅浮宮，其實是一八九五年在敖德薩市雕刻的贗品。第二種形式是內容的不實，《高盧戰記》的作者是沒有爭議的，但凱撒有意識地在書中歪曲和隱瞞了大量事實；陳列在丹尼斯大街的「大膽的腓力」塑像，是在國王死後爲葬禮訂做的，但種種跡象表明，雕刻家只不過按照一般的模型造了個徒有虛名的肖像罷了。

兩種類型的作僞所造成的不同問題必須用不同的方法來解決。

大多數僞造署名的著述其內容也肯定是假的。《猶太人賢士議定書》並非出自猶太長老之手，內容也荒誕不經。假如經過考證，證實一份所謂「查理大帝的特許狀」是兩百年或三百年後僞造的，那麼，查理對教皇的賜予也就純屬虛構。當然也不能一概以此類推，有些贗品就是根據已遺失的原件複製的。文件是出自僞造，而內容卻實有其事，但這類事例十分罕見。

反之，假如史料的出處是無庸置疑的，也不能因此斷定內容必然眞實可信。當學者在煞費苦心考證出一份資料確實是原件後，往往沒耐心再去考證其內容。而且，他們尤其不願意懷疑那些顯然是由法律保證人簽署的文件，如官方的訴訟書以及私人的合同；然而，這些文件未必可靠。一八三四年四月二十一日，在控告祕密社會之前，梯也爾在給下萊茵縣長的信中寫道：「我勸你爲即將到來的全面調查對所需文件做好審愼的處理，如所有無政府主義者之間的通信，發生在巴黎、里昂、斯特拉斯堡各種事件之間的要害關係等。總之，存在著一場牽涉全國的大陰謀，所有這些必須得到充分的反映。」毫無疑問地，這就是蓄意炮製的官方文件。對有正式簽章和日期的特許狀也未可輕信，現在的經驗就是從打消對它們的幻想著手。誰都知道，在那些正規地起草並經過公證的契約中也有不少有意的含糊之處。記得不久前，政府有關部門就曾命令將我簽署的一份報告的時間加以提前，我們的前人在這種地方就更不講究了。在王室的特許狀下面常寫道「頒布於某日某地」，但如果你參閱一下國王旅行的實錄，就會不止一次地發現這一天國王根本不在那裡。有關解放農奴的法律文件不勝枚舉，除非是瘋子才會懷疑它們的眞實性，據說是出於仁慈才頒布這些法令的，然而我們卻可以將農奴的贖身費用單據放在解放契約的旁邊加以對照。

光做到辨僞還不夠，必須由此深入下去，進而揭示作僞的動機。只要資料有作僞的可能，其後面必有難言之隱値得進一步分析，可見，證明了它是僞造的，任務才完成了一半。考證出查理大帝在艾克斯拉沙佩勒授予教皇的有名的特許狀是僞造的，這僅僅是正誤，還不能完全說明問題。假如我們成功地證明是腓特烈·巴爾巴馬薩的追隨者在作僞，他們的目的是企圖實現帝國偉大的夢想，那麼，在有關這件歷史公案的眾多觀點中，我們就提出了全新的看法。考證使我們抓住在幕後策劃騙局的騙子，因此，考據學的對象也是人，它與歷史學的基本準則是並行不悖的。

作僞的理由不勝枚舉，要想把它們全都列舉出來就未免太幼稚了。歷史學家旨在使人類更爲明智，他當然要記住，所有這些理由在事實上都是不合理的。（誠然，說謊一般來講是出於自私和被抑制的欲望。）正如安德烈．紀德所言：「有些人說謊是一種無緣無故的行爲」。那位佚名的德國學者曾煞費苦心地用道地的希臘文編寫了一部東方歷史，還杜撰了一個作者桑哥尼馮，他完全用不著花如此多的精力就可以成爲一位著名的希臘語專家。弗朗索斯．勒諾爾芝的父親曾是法蘭西學院的院士，他本人後來也成了其中的一員；十七歲時他親手刻製了聖愛洛教堂的銘文，連他的父親都受到蒙騙，弗朗索斯也由此開始了他的學術生涯。甚至在德高望重之時，他還最後表演了一次絕招，曾展出一批希臘遠古時期的遺物，其實這些東西都是他從法國鄉村蒐集來的。

不僅個人喜歡作僞，而且那是一個偏愛弄虛作假的時代。十八世紀末至十九世紀初，前浪漫主義和浪漫主義盛行的那幾代人之間，有僞造的莪相之凱爾特詩歌、查爾頓認爲是用古英語寫的史詩和歌謠、所謂克洛萊爾德的中世紀詩集、維利馬克編造的布來頓歌曲、據說由梅爾美譯自克羅地亞文的歌詞、克拉馮利．杜弗手稿中的捷克史詩，諸如此類的贋品眞是不勝枚舉。在那些歲月裡，好像整個歐洲都回響著一曲聲勢浩大的謊言交響曲。在中世紀，尤其在八世紀到十二世紀，弄虛作假的現象泛濫成災。那時僞造了大量的特許狀、牧師團法規、教皇法令，其中大多數自然是爲了私利而編造的。例如，爲教會獲取有爭議的財產，維護羅馬教廷的權威，在教士與主教的爭議中爲教士辯護，在主教與大主教的爭議中爲主教辯護，在教皇與世俗統治者的爭議中爲教皇辯護，或在皇帝與教皇的爭議中爲皇帝辯護，這就是作僞者的唯一目的。其中有一個共同的特徵，即那些被公認爲最虔誠，甚至是最正直的人都會毫不猶豫地參與這種勾當。可見，作僞並不違背公共道德，至於剽竊在當時本來就被公認爲理所當然的，厚顏無恥的編年史家和聖徒行傳的作者都整段整段地抄襲前人的著作。雖然中世紀和近代在其他方面差異甚大，但在「未來主義」方面卻十分一致。在中世紀，人們把前人的教導當作信仰和法律的唯一基礎，浪漫主義則不僅追求時髦，而且希望將自己沉浸在原始的生命之泉中。那時的人們既受到傳統的束縛，又隨心所欲地對待眞正的歷史遺產，似乎是爲了對難以抑制的創造欲做出可笑的補償，對歷史的崇拜反而驅使他們去揑造歷史。

一八五七年六月，數學家米歇爾．夏斯萊向科學院提交了帕斯卡未發表的全部信件，那是作僞大師馮雷．盧卡斯賣給這個老主顧的。這位《外省》作者的信件，表明他先於牛頓創立了萬有引力定律。這使一位英國學者大爲吃驚，他問道，帕斯卡怎麼可能引用他死後多年才測量出的天文學數據呢？即使是牛頓在首次發表論文之前對此也是一無所知的。盧卡斯並不是唯一遇到這種麻煩的人，他又到工作台前，費盡心機地再製造贋品爲自己辯護。沒過多久，夏斯萊又得到一些新的「原件」，這回執筆人成了伽利略，帕斯卡則成了收信人。他是如此解釋其中奧祕的：這位傑出的天文學家把觀察的結果提供給帕斯卡，後者又進行了運算，而雙方都沒有公布信件的內容。事實上，伽利略死的那年帕斯卡才十八歲，這又如何解釋呢？在夏斯萊看來，這不過說明帕斯卡是位早熟的天才。

那些不肯罷休的反對者又注意到一個難以自圓其說的地方，在一封一六四一年的信中，伽利略抱怨寫東西時眼睛十分疲勞，可誰不知道早在一六三七年底他的眼睛就全瞎了呢？可愛的夏斯萊遲疑了片刻就答道：「對不起，我承認到目前爲止大家都以爲伽利略當時已雙目失明，可這是個極大的錯誤。我正想說，這裡有一份重要的信件足以駁倒那種錯誤說法。一六四一年十二月二日在另一位義大利學者給帕斯卡的信中提到，伽利略多年來視力一直下降，這幾天已雙目失明了。」

當然，並非所有的騙子都像盧卡斯那樣富於想像力，也不是任何傻瓜都會像他那可憐的受騙者那樣輕易上當。但生活告訴我們，歷史也多次證實，弄虛作假就像一張網，每一個謊言都會帶出一連串的謊言，以便互相幫腔，這就是爲什麼出名的僞造事例總是一個接一個地相繼發生。在僞造的坎特伯雷教廷特許狀和奧地利公爵領地特許狀上有許多君王的親筆簽字，從尤里烏斯·凱撒到腓特烈·巴巴羅薩，眞是應有盡有。在有關德雷福斯事件的僞造文件上，所簽的名字簡直可以排出一張家系表。從上述幾個例子可以看出，弄虛作假的行爲就像壞疽一樣蔓延，就本質而言，一次作僞必誘發另一次。

最後，還有一種更爲陰毒的欺騙，恕我直言，這是一種虛虛實實的狡猾勾當。如對眞正的特許狀加以篡改，以憑空想像的細節潤飾一些基本可信的史實。篡改往往出於私利，潤飾則是爲了點綴。以錯誤的審美觀矯飾古代、中世紀的歷史著作，其惡劣後果已被多次揭露出來。這對新聞界也未必無足輕重，即使是不那麼矯揉造作的記者，在報導人物時也往往不惜脫離事實大加粉飾，綺麗浮誇的修辭傳統至今遺風猶存，在報刊編輯中，不乏亞里士多德、坤體良之類修辭大師的私淑弟子。

某些技術性的條件也助長了這類歪曲行爲。一九一七年，間諜波洛被判死刑，一家日報登載消息說，四月六日執行了槍決。雖然原先預定於那一天行刑，實際上卻在十一天以後才執行。記者在事先已寫好報導，以爲會在六日執行槍決，不去核實就發表了。我不知這件逸事是否能說明問題。當然，如此令人難堪的錯誤是不多見的，但由此可見，因爲發稿的時間十分重要，記者對一些可以預測的事件往往會事先寫好報導以備急用。可以肯定，在進行實際觀察後，原稿的許多重要內容都會有所更改。另一方面，爲了大肆渲染，就得補充許多細節，沒有人會去加以核實，至少一般的讀者不會追究報導是否屬實。人們總是指望專業人員提供眞實的情況，遺憾的是，新聞界尚未找到自己的馬比昂。推崇古老的版本，迷戀浮誇的文風，這些都是弄虛作假的原因，它們至今仍有不少市場呢！

假如說一些無意的錯誤也會造成失實的話，那麼我們可以把作僞分成好多等級，從十足的欺騙直到無意的疏忽。蓄意捏造事實自然會引起大多數人出自內心的反感，而對那些能滿足人們一時利益的假象，大多數人卻非常樂於接受。

著名的「紐倫堡飛機事件」就是個很好的例子。雖然事件的有關情況至今尚未徹底澄清，但大體是這樣的：在宣戰的前幾天，一架法國的商業飛機曾飛越該市，它很容易被視爲軍事飛機，於是開始謠傳炸彈扔在某地某地，民眾正爲即將爆發的戰爭所困擾。產生這類謠言是完全可以理解的，然而，事實上根本就沒扔炸彈，德國當局擁有制止謠言的一切手段，卻縱容這種謠傳，非但不去闢謠，反而利用謊言作爲宣戰的藉口。不過，他們確實沒有捏造事實，甚至在一開始或許只是不自覺地行騙。荒唐的謊言之所以有人相信，是因爲相信它就有利可圖。有各式各樣的欺騙，其中不乏自欺欺人者。「誠實」一詞含義甚廣，用這個詞時必須注意它的細微差別。

確實有不少人是誠心誠意受騙的。幾十年來，對人生的觀察研究已爲一門即將形成的新學科——「作證心理學」——提供了方法，歷史學家利用這些可貴的研究成果的時機業已成熟。從下述事例可以看出，這些發現對我們的研究是十分有用的。

貝爾納是威廉·梯里葉的朋友和門生，有一天，他非常吃驚地發現，當年其身爲教士時經常供職的教堂多角室居然有三扇窗，而他過去一直以爲只有一扇窗，爲此不禁暗暗高興，對塵世的事情如此漠然，不正說明他是上帝最虔誠的僕人嗎？貝爾納經常這樣心不在焉，據說他曾在日內瓦湖畔旅行了一天，居然不知道身在何處。不過，我們可以舉出許多例子，足以證明這種心不在焉的情況絕非僅有。克拉帕雷德教授的學生就曾在實驗課上證明自己無法十分精確地描述大學門廳的模樣，就像貝爾納不知道教堂有幾扇窗一樣。事實上，大多數人對周圍事物的認識就像一架蹩腳的照相機。嚴格地說，作證就是回憶，印象失眞，記憶必錯。一位年老的法官早就斥責過那「隨意」而「圓滑」的記憶。

失眞的東西對某些人確實具有反常的魅力，把這種變態心理稱爲「拉馬丁病」不算太不客氣吧?我們都知道這種病的患者通常也不是不願講眞話,而其證詞總有點可疑。經驗告訴我們,證人的陳述並非在任何情況下對任何事情都是同樣可信的。嚴格地說,沒有絕對可信的證詞,只有在某種程度上可信的證據。在如下兩種情況下,即使是最精明的人也會產生錯覺:第一種取決於觀察者自身的條件,如身體很累、情緒不好等等;第二種取決於他的注意力是否集中,通常只有在注意力特別集中的時候,我們才能看清或眞正了解某些事物。假設一位外科醫生在查訪病人,他仔細檢查了病人,寫出病情紀錄,而對病房裡的擺設只是隨意地看了一眼。我自然是相信他的病情報告,而不是相信他對病房的描述。與通常的看法相反,人們往往對最熟悉的事物反而最難做出準確的描述,因爲,熟悉難免使人掉以輕心。貝爾納對教堂的印象就是這種現象的一個例子。

許多歷史事件只是發展到高潮時才爲人注意,無論目擊者是在事先還是在事後被驚人的事件所吸引,他們都不可能把注意力完全集中在當今歷史學家最感興趣的那些情況上。有些事例是眾所周知的,一八四八年二月二十八日,外交部門前的槍聲觸發了一場暴亂,結果導致一場革命。槍聲是從哪裡來的呢?究竟是軍隊開的槍,還是從人群中射出的呢?這已無從考知。編年史家將軍隊的服裝、部署、儀仗和戰績描述得頭頭是道,我們能把它完全當眞嗎？沒有人能準確無誤地記住周圍發生的一切細節，而古代的歷史學家卻天眞地企圖做到這一點。明白了這些，不管我們的思想有多麼僵化，對於浪漫主義歷史學家所玩弄小把戲的眞實性，還能抱有多少幻想呢？這些史著所描繪的無非是作者與同時代的人想當然的戰鬥背景罷了，它具有極大的信息量，卻不是那些愛好繪聲繪色描寫歷史的人原本所希望傳遞的資訊。

上述議論似乎有點悲觀，卻能使我們理解其中包含的有關歷史研究性質的一些論斷。當然，這並不影響歷史的基本結構。培爾的話永遠是正確的，他說：「沒有人會對凱撒擊敗龐培這一事實提出有力的異議。無論你從什麼角度對此加以責難，凱撒和龐培的存在都是一個牢不可破的事實，他們並不僅僅存在於撰寫其生平的作家腦子裡。」假如，除去這類無需解釋的事實，歷史就沒有任何確定性，那麼歷史著作將淪爲斷爛朝報，而毫無思想價値可言。好在事情並非如此。「作證心理學」通常詰難一些最直接的原因，可以把一次大事件比爲一次大爆炸，到底是在什麼條件下，才觸發必然引起爆炸的最後一個分子的震動呢？我們不得不承認自己的無知，這眞是令人遺憾。而化學家的處境又怎麼樣呢？他們也未必比我們好多少，不過炸藥的成分是完全可以分析的。儘管有些歷史學家根據一些反常的現象斷定一八四八年革命是典型的偶發事件，然而，顯然是各種能動的因素促成了這場運動，它有一個很長的醞釀過程，事實上托克維爾就曾預言革命即將爆發。至於卡普興大街的槍擊事件，不正是最後一閃的火花嗎？

而且，我們知道，目擊者往往不能察覺事件的直接因素，後人就更無從了解了。這些因素包括特殊的、難以預見的歷史「偶然性」。如果說最精密的工具也無法辨別那些微不足道的證據，我們或許會因此感到安慰。即使能更好地了解那些證據，人所設想的它們與歷史演變因果長鏈之間的聯繫也難免有些謬誤，歷史科學永遠不會澈底消除這些謬誤，也無權自稱能消除這些謬誤。社會思潮的波動、技術的更新、社會經濟結構的變化是決定人類命運的潛在因素，考察這些因素時，不會犯觀察突發事件所難免的錯誤。歷史上最深沉的東西往往就是最確鑿無疑的，這眞是幸運的巧合，伏爾泰已多少領悟到這一點。

不同的社會，不同的個人，其觀察能力也各不相同，某些時代在這方面就不如其他時代。例如，今天大多數人理解能力再差，也不會犯中世紀編年史家的那些通病。數學在當代文明和人們觀念中作用極大。只要錯誤的證詞是出於感覺的失誤或注意力的不集中，史學家就會束手無策，只得把問題交給心理學家解釋。但是，除了一般的心理疏忽之外，許多錯誤是由特定的社會環境引起的，這類錯誤時常以紀實的面貌出現。

一九一七年九月，我所在的步兵團占據了通往北方小鎮伯來興的戰壕。在戰鬥中，我軍抓獲了一名俘虜，他是後備役軍人，原是威悉河不萊梅的批發商。不一會兒，從隊伍後面傳來可笑的流言：「有德國間諜。」那些消息靈通的戰友這麼說：「不得了！我們發現在法國中心居然有一個德軍前哨站。眞令人震驚！一個德國商人就潛伏在太平的伯來興。」要謹防把事情看得太簡單，謠傳未必完全是因爲聽錯了，不僅是聽錯了，而且是由於誤解。對於不熟悉的名字人們往往不會很注意，因此錯覺常用一個熟悉的名字取而代之。此外，還有一些不自覺的先入之見在起作用，許多傳聞早已給人們造成德國人狡猾的印象，而德國人也確實很狡猾，這類傳聞正好迎合了公眾的獵奇心理，用伯來興取代不萊梅當然正是這種心理在作祟。

許多史實就是在這種情況下被歪曲的。錯誤的因素幾乎是與生俱來的，而且只有迎合公眾的偏見，錯誤的說法才得以傳播，才具有生命力。因此，它也就成了一面反映集體意識的鏡子。在比利時，不少房子前面有許多泥瓦匠搭過腳手架的小孔，若不是長期以來被游擊隊搞得惶恐不安，德國兵在一九一四年也絕對不會把這些泥瓦匠的傑作認做狙擊手的槍眼。

今天的雲彩和中世紀的雲彩並沒有什麼不同，我們卻不會從中看到魔劍和神奇的十字。阿布羅斯·伯雷大主教看到的彗星尾巴與現在偶爾掠過我們頭頂的彗星並沒有什麼差別，可他卻自以爲看到一套奇怪的盔甲。這說明思想受到世俗成見的束縛，視線就會模糊，證詞也會失眞，他所說的不是他眞正看到的，而是那個時代想當然的東西。

一個目擊者的誤解會變成許多人的誤解，一次不正確的看法會變成謠言，而社會條件的確促成了錯誤和謠言的流傳。當然，並非在所有社會都是這樣。在我們的時代，人們的生活特別動盪不安，對這方面有許多值得注意的經驗。眼下發生的事情離我們太近，使人難以做出精確的分析，而一九一四年至一九一八年的戰爭可以提供更廣闊的視野。

人們都知道，在那四年裡，謠言盛行，作用極大，尤其在前線的軍隊中更是如此。在戰壕這種特殊的環境裡所形成的謠言就很值得研究。

宣傳機器和新聞檢查制度的作用當然很大，但有時其效果也會與設計者的願望背道而馳。有一位目擊者曾直截了當地說：「戰壕裡的士兵普遍認爲，除了印刷品上寫的，什麼事情都可能是眞的。」人們根本不相信報紙，也不相信任何印成鉛字的東西，因爲，報紙並不按時送來，而且他們認爲報導已被檢察官大肆刪改。口耳相傳曾是神話傳說之母，這一傳統居然神奇地復活了。政府居然使前線的戰士倒退到古老的心理狀態，以如此陳舊的手段獲取消息，而視書報雜誌爲廢物。這種做法簡直可以超過任何膽大妄爲實驗者的幻想，使幾百年來的進步化爲烏有。

謠言一般不會首先來自前線。在前線，小股部隊往往互相隔離，沒有命令，戰士絕不敢隨意行動；如擅自行動，他就得冒生命危險。聯絡官、炮火觀測員、電話架線員可以經常走動，他們雖然引人注目，但也很少和普通士兵往來。不過，有一種常規的消息來源是極爲重要的。由於軍隊需要給養，戰地廚房就成了地下坑道、前哨站這個小天地裡的「集市」，從各個戰區前來送給養的勤務兵每天在此碰一兩次頭，他們互相交談，也與炊事員聊天。炊事員的消息極爲靈通，因爲他們與各方面的人接觸，還可以與每天來自後勤部的司機搭話，而後勤部就設在司令部的旁邊。這樣，圍繞著火堆或戰地廚房的火爐，來自不同部隊的人們就可以有短暫的交流。然後，這些勤務兵各自沿著戰壕，將聽來的消息連同身上的軍用水壺一起帶到前沿陣地，不論這類消息是眞是假，大多與事實有所出入，到了前沿陣地，人們又對這類消息添油加醋，大肆渲染。戰術地圖上有縱橫交錯的前沿陣地標誌線，我們不妨在它後面加一條虛線，表示這裡是謠言區。

歷史上有不少社會團體有過上述的類似情況，所不同的是前者發生在非常時期，後者則存在於正常的生活結構中。也就是口述幾乎成爲唯一有效的交流手段，完全通過特殊的仲介人在互不往來的各種人之間傳播消息，或在某一交界處進行聯繫，而小販、賣藝人、朝聖者和乞丐取代了往來於戰壕的勤務兵。一般聚集點是集市，有時也在宗教節日碰頭，如在中世紀鼎盛時期就是如此。教會記事往往是根據從過路人那裡聽來的消息編制而成的，它就像運送給養的勤務兵的筆記本（他們如果願意，本來是可以攜帶筆記本的），這些社會集團就是出色地傳播流言的文化媒介。由於常和各種人打交道，也就容易對各種不同的說法加以比較，從而引起辨別眞僞的想法。從另一方面來看，我們也該相信這些敘述者，他們畢竟透過一條艱難的管道不時爲我們帶來遙遠的傳聞。

考據方法的邏輯

考證涉及心理狀況，它是一門微妙的藝術，絕沒有訣竅可言；而且它又是一門理性的藝術，有條不紊地運用某些基本的思維程序。總之，如果要加以定義的話，那它本身就是一種辯證的東西。

假設，業已消亡的文明社會僅僅留下一件實物，而又不許用地質沉澱法這類非人為因素來探測其來龍去脈（因為，在這類研究中，非生命的性質能起一定作用）。這樣，我們就根本無法測定這唯一的遺物之年代，甚至無法斷定它的眞實性。事實上，除非把它放在年代體系或同時代的統一體中加以考察，否則我們就無法證實它的年代或解釋任何文獻。馬比昂將墨洛溫王朝時期的特許狀加以互相比較，並與其他不同性質、不同時代的特許狀加以對比，從而創立了古文書學。正是通過校勘《福音書》，導致《聖經》注釋學的誕生。比較是考證的基礎。

比較的結果並不自行說明問題，它必然會揭示異同。然而，即使在不同的情況下一種證據與其他證據相一致，也會導致完全對立的結論。

首先，要考慮一下敘述的基本成分。馬爾博的《回憶錄》曾激勵過許多年輕人，他以詳盡的筆觸記述自己的戰功，把自己描繪成一個英雄。他在書中寫道：一八〇九年五月七日之夜，當時正值漲潮，他穿過湍急的多瑙河，去對岸解救幾個被奧地利抓走的戰俘。怎樣來考證這件事呢？我們必須蒐集一些其他有關證據，掌握軍事命令、行軍記錄和敵軍的戰報。結果，證明那天晚上奧地利軍隊並不是如馬爾博所說的那樣駐紮在河的對岸，而是留在河的這邊。此外，根據拿破崙本人的通信紀錄，我們發現，到五月八日多瑙河還沒有漲潮。最後，我們還發現了馬爾博在一八〇九年六月三十日親筆寫的要求提升的請願書，在他爲自己擺功時，隻字不提一個月前的那次戰績。一邊是馬爾博的《回憶錄》，另一邊是一批內容與前者相矛盾的資料，我們必須分辨眞僞，斷定一種最可信的事實。是參謀部的成員和皇帝本人都搞錯了嗎？（天知道他們爲什麼要故意歪曲事實。）是求官心切的馬爾博在一八〇九年一反常態故作謙虛了嗎？還是那位一向因自我吹噓而臭名昭著的老軍人，又成功地撒了一個彌天大謊呢？人們會斷然指出，《回憶錄》在吹牛。

否定了一種說法，就解決了證詞的矛盾，兩者必有一假。這符合最一般的邏輯基本原理，矛盾律斷然否認一個事件可以同時既存在又可以不存在。在世界上，也有一些好好先生善於折中兩種截然相反的觀點。這類學者就像小朋友做算術，老師問：「2的平方是多少？」一個同學向他咬耳朵說：「4」；另一個輕聲說：「8」；那位小朋友想了想說；「2的平方是6」。

接下來，我們就得對證據有所肯定、有所否定了。證據的取捨取決於心理分析，何爲眞假錯誤的理由都得經過鑑定。在這種特定的情況下，鑑定幾乎具有絕對證據的性質，在其他情況下，它肯定會顯示不確定的係數。從各種無限的可能性推導到不可信是個漸進的過程，經過複雜的有罪推定，從而得出結論。

還有另外一種類型的例子。

有一份內容寫在紙上的特許狀，據說是十二世紀的遺物，可是，至今所發現的那個時代的特許狀都是寫在羊皮上的，上面的字體也與我們見過的十二世紀文獻上的字體截然不同；遣詞造句冗長繁瑣，也完全不像當時的文風。再如，有一件石器時代的工具，從其鋒刃的加工技術可以看出，這是前不久才發明的工藝。由此，我們得出結論，特許狀和工具都是僞造的。如前述的例子一樣，矛盾是確鑿無疑的，而理由卻完全不同。我們這回的論據是：在同一社會的一代人中流行著同樣的習俗和技術，它們的力量如此強大，以至任何人都難以自覺地背離共同的習慣。我們理所當然地認爲，路易七世時期的法國人，其筆跡都極像其同時代人，他們以相同的術語來表述，也運用同樣的材料。假設，在馬格德林時期，部落中的一個工匠用他發明的機械鋸來鋸箭鏃，那麼他的同胞也會這樣干。簡言之，我們是用社會學的原理來分析這個事例的。

然而，相似之處不可太過，否則非但不能說明問題，還更加沒有說服力。任何一個參加滑鐵盧之戰的人都知道拿破崙戰敗了，誰要是持異議，否認拿破崙的敗績，他就是在說謊。而且，如果把自己限定於這個直截了當的判斷之中，那麼關於拿破崙滑鐵盧之戰就不會有其他不同的表述方法。但是，如果兩個人以完全相同的語言（或僅有個別措辭的不同）、同樣的細節來描述滑鐵盧之戰，我們就會毫不猶豫地斷定：其中必有一人抄襲了另一人，或者兩人都抄自同一範本。理智告訴我們，事實上，站在戰場的不同點，注意力又不完全相等的兩個觀察者，不可能記下同樣的戰鬥細節；而且，兩個互不往來的作家，又怎麼會在成千上萬的法語詞彙中選擇同樣的詞語，以相同的行文次序來記述同一事件呢？如果這兩位作家都宣稱所寫的全部直接源於現實，那麼，其中必有一人在說謊。

假設在兩座古代的紀念碑上雕刻著兩次戰爭的場景，那是兩場不同的戰鬥，而石碑上所刻的細節卻極爲相似。考古學家就會說，除非兩個藝術家都喜歡重現傳統的構圖，否則，其中必有一人在抄襲另一人。假如這不過是中間略有間隔的兩次戰鬥，或者交戰雙方都是同樣的人，如埃及人對西臺人、亞述人對埃蘭人，那也不能說明什麼問題。人的姿態千變萬化，在時間不同的兩次戰鬥中，人們又怎麼會採取同樣的姿態呢？嚴格地說，作爲軍事文獻的史料，兩者中必有一個是僞造的。

類似的東西可能半眞也可能半假，考證就在眞與假兩個極端中做文章。因爲巧合是有限的，從總體來看，社會統一體的聯繫也是相當微弱的。換言之，我們以爲這個世界、這個社會的統一性極其牢固，不可能有什麼嚴重的偏離行爲；但是，想想我們自己的處境就會明白，這種統一性僅僅侷限於相當一般的特徵，深入研究下去就會發現，在這方面各種組合的可能性幾乎是無限的，難以想像會自然產生完全相同的記載。由此可見，必有一種自發的模仿行爲。總而言之，考證就是把同與異、一與多的自覺抽象作爲依據。

假如我們懷疑某抄本的眞實性，就必須考慮從何處著手進行考訂，就應該看一看兩份文獻是否均出自同一來源。如果設想其中必有一份原件，那麼是哪一份呢？有時可根據外在的標準來求得答案，如相對年代（假設相對年代可以確證）。如果不行，就只有從原物或文獻內在的特性著手，這就又得借助心理分析了。

當然，這樣做也不必遵循任何機械的原則。例如，篡改者往往把一些想像的東西加入原文，那麼行文最謹愼、想像成分最少的文獻往往就是原件。但是，是否有必要把這作爲一條定律確定下來呢？有時候，情況的確如此，如在碑文中亞述王征服的敵軍數字總是大幅度地增長；有時候，這條定律就行不通了。聖喬治的《激情》一書，原版充滿了荒誕不經的內容，後世的傳記作家在續寫時就刪去了那些離奇怪誕的部分。模仿的手法各式各樣，往往因人而異，並根據時代風尚的不同而變化，如同對待其他思想傾向一樣，我們不能把自己想當然的看法作爲衡量是非的標準。

萬幸的是，剽竊者往往因自己的無知而露出馬腳。他們並不眞正理解原件的內容，其誤釋也就顯示出自己的弄虛作假；他們往往要掩飾剽竊行爲，結果那些拙劣的伎倆反而使作僞者昭然若揭。我認識一個曾在書面考試時作弊的中學生，他眼睛盯著同桌的考卷，費力地改換句子的順序，頗有心計地把主語變成賓語，把主動語態變爲被動語態。當然，他只是成功地給教授提供了一份歷史考證的典型案例。

要揭穿作僞的模仿行爲，就必須從兩種或多種摹本中找出唯一的原型。與馬爾博同時代的塞尼爾伯爵和佩爾將軍也曾講述過那次渡過多瑙河的戰鬥，內容與馬爾博本人的敘述大同小異。而塞尼爾在後，佩爾在前，塞尼爾讀過佩爾寫的東西，那麼，他不過是在抄襲罷了。佩爾的著作確實寫在馬爾博的《回憶錄》之前，但他是馬爾博的朋友，肯定經常聽到馬爾博吹噓其戰績，這個勤快的牛皮大王在對朋友說謊時，就蓄意蒙騙後人。由於馬爾博的兩個旁證都不過是在重複他自己的話，可見，馬爾博就成了唯一的始作俑者。李維的《羅馬史》取自波利比烏斯的著作，連同他編造的細節也一齊抄了過去，因此，波利比烏斯才是唯一的原作者。艾因哈德自稱是在描寫查理大帝，其實是在抄襲蘇埃托尼烏斯傳記中奧古斯都的形象。這樣，就追溯到了根源。

有時，主謀並不願意暴露自己的身分，隱蔽於自願作證者的背後。H·C·利在研究法律審判案時注意到，如果兩個被告在不同的屋子裡由同一位提審員審問，他們就會不約而同地坦白出同樣的罪行和同樣褻瀆神明的言論；如果被告在同一間屋子由不同的法官來審問，其口供就不會那麼一致。由此可見，正是法官主導了被告的證詞。我想，在法院案卷中不乏類似事例。

在考據學的領域裡，最近出現了一種新的方法——「計量考證法」，它從獨特的角度揭示有限的類似性。

假設，有一個商業繁榮、聯繫密切的社會，我要研究其中特定兩天之間的物價，接著又有第二個人、第三個人也來研究這段時間的物價，三個人所用的資料都是不同的。我們各自在一個共同的基點上草擬年度平均物價，製定圖表，列出物價指數，結果三幅圖表的曲線幾乎是相似的。由此可以得出結論，三幅圖表都比較正確地反映了物價趨勢。爲什麼呢？

因爲，在同樣的經濟條件下，大範圍內的物價必然按照一定的節奏而波動，但這還不是唯一的理由。假如三條曲線差別極大，我們肯定要懷疑它們的正確性；但是，我們也不能因爲在所有可能的圖表中僅有三幅圖表相吻合，就斷定它們是正確的。如果它們的數據都有類似的錯誤，那也會得出同樣的讀數，這讀數自然就是錯誤的。因此，所有的推理就取決於對錯誤結構的分析。三幅價格表都不可能在細節上毫無差錯，統計資料難免有錯，即使我們能排除研究者個人的錯誤。（在研究那些令人目眩的古代度量制時，我們誰沒犯過一些可怕的錯誤呢？）無論研究時如何小心謹慎、聚精會神，資料本身總會有各式各樣的錯誤。某些標價是不準確的，例如可能標錯了價格或漫天要價；還有一些例外的情況，例如賣給熟人的價格或欺騙傻瓜的價格，所有這些因素都很可能弄亂平均數。市場平均價格表往往不是仔細製定出來的，然而在大量不同的價格中，計錯的價格有高有低，錯誤也就互相抵消了。如果應用不同的資料得出一樣的結果，那主要是因爲資料的錯誤也是一樣的，如忽略、細節誤差，這類錯誤對我們來說是難以預料的。證據所難以簡約的多樣性使我們得出如下結論：最終的一致必來源於基本一致的事實。

不應該草率地運用檢驗證據的方法；任何合理的原則，任何指導鑑定的經驗，若加以濫用，必然會達到極限而走向反面。如同所有自成體系的邏輯一樣，歷史的考證也有矛盾之處，或者說也有其自相矛盾的地方。

我們已經知道，要確認一份史料的眞實性，就要證明它與其他有關史料存在著某些一致之處。然而把這個規則刻板地加以理解應用，又能發現什麼呢？所謂發現也就是指發現令人吃驚的、與眾不同的東西。一門學科若侷限於千篇一律地陳述可以預知的東西，那麼這門學科既無益處可言，也毫無吸引力。迄今爲止，尙未發現任何用法語（而不是通常的拉丁語）起草的一二○四年以前的特許狀。假如明天有一位學者拋出一份一一八○年用法語書寫的特許狀，我們該斷定它是僞造的，還是承認自己不具備足夠的知識呢？

一份新發現的史料與其他有關事物之間存在表面的矛盾，這可能是因爲我們暫時還不具備這方面的知識。當然，有些史料本身就存在眞正的矛盾，社會統一的凝聚力尙不足以使某些個人或小團體完全與它一致。帕斯卡的文風與阿爾諾不同，塞尙的畫風與布格羅不同，難道可以因此而否認帕斯卡的著作《外省》和塞尙的名畫《聖維克多山》的創作年代嗎？難道我們能因爲在同時代地層中只發現過石器，就推論那些古老的銅器全是贗品嗎？

得出錯誤結論的並不全是想像中的事物，從伏爾泰曾經極感興趣的古埃及動物崇拜，到古羅馬第三紀的遺物，都可以舉出一系列的事實說明這一點。許多貨眞價實的古代文物，一開始曾因爲與學術界公認的規範相悖而遭到否定；然而，經過進一步的考察，就會發現方法上的自相矛盾也不過是表面上的。類比推理的原則並沒有失效，關鍵在於，當確定相似點時，我們應當以更精確的分析來區別可能出現差異的各種程度。

個人的創造力總是有限的，帕斯卡的文風很獨特，但所用的語法和詞彙仍屬於他那個時代。前面假設一一八〇年特許狀使用不同尋常的語種，但是與其他同時代已知的特許狀相比，也未必會有什麼不同。如果該特許狀所用的法語和同時代其他文獻上的法語大體相同，如果它所提到的制度與當時的實際情況沒有出入，那麼，也可以斷定它不是僞造的。

正確地說，進行考證和比較，僅僅校訂同一時期的史料還是不夠的，人類事務就好比一條跨越時代的長鏈。倘若有一天，新的盧卡斯將一疊手稿攤開在科學院的辦公桌上，並聲稱帕斯卡先於愛因斯坦創立了相對論，我們可以不假思索地指出，手稿是僞造的。這並不是因爲帕斯卡不能創立他同時代人所不能建立的理論，而是因爲相對論必須以長期的數學研究爲基礎。無論他多麼偉大，任何個人的天才都離不開前幾代人的研究成果。相反地，某些學者一看到首次發現的舊石器時期的繪畫，就對它的眞實性和實際年代提出質疑，其理由是：這種藝術不可能在鼎盛一時後突然湮沒無聞。這些懷疑論者的推理錯了，要知道，鏈條可能斷裂，文明也可能消亡。

德萊哈耶神父曾寫道：教會有一個節日，紀念兩位在同一天死於義大利的忠實信徒，他們都是在讀了《使徒行傳》後受到感化而皈依天主教的，兩人各自創立了奉獻同一個主的宗教組織，兩個組織最終爲同名的教皇取締。任何人讀到這些內容都容易斷言：肯定是把一人誤爲兩人，又以不同的名字載入了殉教者的名冊。然而，事實上的確有這兩個人，都受到《使徒行傳》的影響而皈依天主教，他們就是聖約翰．哥隆比尼和依納爵．羅耀拉。前者創立了天主會，後者創立了耶穌會；前者在一三六七年七月三十一日死於義大利的錫耶納附近，後者在一五五六年七月三十一日死於羅馬。天主會被教皇克雷芒九世取締，耶穌會被教皇克雷芒十四世下令解散。這個例子十分有趣，但並不是絕無僅有的。假設未來的一場浩劫銷毀了所有的東西，只有一些關於以往幾百年哲學著作的綱要倖存下來，便可以看到兩個思想家，名字都叫培根，都是英國人，其學說都注重經驗的知識，而未來的學者肯定會對此產生疑惑。佩斯曾把許多古羅馬的歷史傳說視爲純粹的傳奇而否認其價值，理由無非是同樣的人名、相似的情節曾反覆出現。考據學把那些同時重複出現的事件敘述和詞語視爲抄襲，這無疑是有道理的，但也不能完全排斥歷史上的確有「巧合」這一反常現象。

當然，也不能因此而簡單地承認巧合具有普遍的可能性，否則史料的考證就會永遠在肯定與否定之間動搖不定了。質疑作爲一種認識的工具，應該能在每個特定的事例中比較精確地衡量出或然性的程度。那麼，正如其他許多思維的原理一樣，歷史研究的曲徑就與概率論的大道交叉在一起了。

估計一個事件的或然性，也就是揣摩它可能發生的機會。那麼，希望說出歷史事件的可能性是否合理呢？從絕對的意義上看，這顯然是不合理的。過去的事件已成事實，不存在任何可能的餘地。骰子擲下之前，存在著一點到六點的可能性；而擲出之後，就無所謂可能性的問題了。以後我們回憶起那一天，可能不確定當時的點數是3還是5，但問題在於我們自己，在於記憶或證詞，而不在於事情本身。

然而，經過正確的分析，在歷史研究中應用概率觀念也不會有什麼矛盾。當歷史學家自問某一歷史事件的可能性時，事實上就已經在大膽馳騁思想了。他將自己置身於事件發生的前夕，忖度事件發生的可能性——這裡的可能性仍是指未來。由於我們透過想像把現在的界線倒退回去，因此這裡所謂的將來是以支離破碎的記載構成過去之將來。對我們來說，實際上仍是過去。如果說事件是無庸置疑的，那麼，猜測它是否曾發生無非是玄學的遊戲。拿破崙出生的可能性如何？阿道夫．希特勒在一九一四年當兵時能否逃避法軍的子彈？這類猜測企圖以簡單的修辭手段闡釋人類歷史進程中無法預測的偶然性作用，明白了這一點，去玩玄學的遊戲也無傷大雅，但這與歷史的考證毫無關係。某些史實有可疑的地方，才需要進行考證。例如，某個作家在重述別人著作的情節和語言，我們就會懷疑，他是否在抄襲呢？《猶太賢士議定書》與第二帝國一位佚名律師著的小冊子有驚人的相似之處，難道我們會相信，只憑所謂天衣無縫的巧合就足以說明一切嗎？我們可以根據編寫這些東西之前的各種可能性來肯定或否定這種巧合。

偶然性的計算是以虛構為基礎的。開始時，對任何可能的事例前提都是不偏不倚，任何有傾向性的因素都將被視為異己。在理論上，骰子的六面應絕對均衡，於任何一面灌了鉛，賭徒的機會就不均等了；但在歷史考證方面，幾乎所有的骰子都灌了鉛，人的因素微妙無比，它們不斷滲入「骰子」，使它朝有利於自己的一面傾斜。嚴格地講，這時光靠一門歷史學是不行的，還要借助語言學，或者說借助語言學的一個分支，它研究語言之間的關係。在嚴格的意義上，這門學科與考據學完全不同，但它與考據學一樣旨在提示事物之間的聯繫，它推理的條件十分接近於概率理論的先決條件均等律。要研究語言現象中的各種特徵，非這門學科莫屬。許多語言之間可能的聯繫和不同語言中偶然重複的可能性，實質上會變得毫無意義；而且更重要的是，除了極少數狀聲詞外，這些聯繫所具有的意義也完全是任意的。沒有任何前定的觀念指定「tu」這個音在法語和拉丁語中指第二人稱。如果我們在法語、義大利語、西班牙語和羅馬尼亞語中都發現這一現象，而且在這些語言中還存在其他類似的不合理現象，那麼，唯一合適的解釋就是，法語、義大利語、西班牙語和羅馬尼亞語有一個共同的起源。因爲各種可能性並沒有受到人爲因素的影響，所以對可能性的計量統計實際上起了決定的作用。

但是，這種簡化還遠未達到標準。

有一些中世紀君主的特許狀以同樣的詞彙、同樣的結構紀錄不同的事情。那些迷信「文風考證」的人就會斷言，這些特許狀出自同一位公證人之手。如果僅考慮一種可能性，這一論斷就可以成立，但事實並非如此。每一個社會、每一個專業團體均有其書寫慣例，因此，僅僅指出其相似之處還不夠，必須進一步從平常的事物中找出不尋常的地方。唯有依據獨特的表達方式才能確認作者是誰，當然，獨特的表達方式是會不斷重複的。錯誤在於對所有的語言因素均一視同仁，而事實上，社會偏見造成了各種可能性，它對語言因素的影響就像灌了鉛的骰子，已經破壞了公平的機遇。

十九世紀初以來，有一派學者專門研究文獻的流傳，其原則十分簡單。例如，這裡有B、C、D三種同樣的手稿，我們查明，三種手稿行文相同，而且錯誤也相同（這種由拉赫曼首創的校勘辨誤法是最古老的方法）；或許，我們經常發現這三種抄本不管是對是錯都內容相同，但與其他大多數抄本內容相異（唐．康坦推薦的異文列舉法）。無論在哪種情況下，我們都應斷定，三者之間是有聯繫的。根據各種情況就可以知道，它們如不是互相抄襲（誰先抄誰也要搞清楚），便是各自抄於一個共同的範本。總之，這樣連續的巧合絕不是偶然的。然而，最近進行的兩大考察卻迫使文獻考證學拋棄其推論中的機械武斷。

抄寫者有時會訂正原件上的錯誤。當然，他們在抄寫時並不會互相商討，但共同的思維習慣卻往往能使他們得出相似的結論。泰倫提烏斯曾用過一個僻詞raptio，兩個抄寫者不懂raptio的含義，就用ratio一詞取而代之。他們這樣做難道還要互相商討或模仿對方嗎？可見，對於手稿的「譜系」，這一典型的錯誤不能告訴我們任何東西。而且，抄寫者爲什麼非得用一個範本呢？如果有多種版本供他比較，就完全可以在各種異文中任意選擇。當然，在中世紀，圖書館極少，這種情況也不多見，而古代這種現象較多。按照慣例，在校釋本的扉頁總是畫著美麗的耶弗他之樹，那些各種傳統雜交而成的果子，該放在這些樹的哪根枝椏上呢？個人的意願和集體的壓力一樣，總要在取巧的賭博中作弊。

在十八世紀的哲學中，沃爾內已看到這一點，歷史考證的大多數問題都是或然性的問題，最精密的計算對此也無能爲力。不僅資料本身相當複雜，更因爲它們在本質上就無法用數學來闡釋。例如，爲什麼一個社會特別偏愛某個措辭或某種習俗，對此我們又怎能加以計算呢？弗馬、拉普拉斯和埃米爾・波萊爾的學說並不能使我們完全擺脫困境，但它至少涉及邏輯無法接近的極端，能幫助我們從高處著眼，從而使分析推理更加完善。

學術界以外的人不會理解，學者通常不願意承認自己的錯誤是出於對巧合的無知。在薩利克法和克洛維法令中有一個相似的措辭，因此一位有名的德國學者聲稱，薩利克法源於克洛維法。我們且不去管其中用了哪些陳詞濫調，只要稍懂一點數理知識，就能避免這種錯誤。當可能性處於隨機狀態時，單一或少量巧合的或然性使機遇極低。異乎尋常的東西雖然令人吃驚，卻未必有多大價值。

兩個毫不相關的人死在同日同月不同年，計算一下這種巧合的概率也是很有趣的。它的概率等於三百六十五分之一，讓我們假定（且不管這種假定有多麼荒唐），約翰·哥隆比尼和依納爵·羅耀拉的組織命中注定要被教皇取締，查閱了教皇名錄，可算出由同名教皇下令取締的概率爲11至13。死於同月同日和兩位同名教皇下令取締的因素加在一起，其發生的概率爲千分之一至萬分之一。無疑，沒有一個賭徒會對這樣的機遇感到滿意。但是，自然科學能考察一些幾乎不可能的事情，從世俗的標準來看，甚至三分之二的概率也是把握不大的。顯然，有理由說，我們完全離譜了，因爲兩位聖徒的事跡已被證明是確有其事。多種巧合的累積使或然性變得無足輕重，因爲根據著名的定理，簡單事實的或然性必須相乘，以求得或然性之和。或然性是分數，其乘積肯定小於分母。在語言學方面，也有一個有名的例子：「bad（壞）」一詞在英語和波斯語中含義都完全相同，雖然在詞源上這兩種語言沒有絲毫聯繫。誰企圖自稱發現了這種完全不相干的巧合之間的聯繫，他就嚴重違反了考證相同現象時的一條基本定律——「只有根據大量的相同事例才能得出結論」。

繁多的一致或不一致因素是由大量的特殊情況構成的，如考慮所有的因素，偶然性就會相互抵消。另一方面，若孤立地考慮每一個因素，就不能消除這些變量的影響，即使骰子被灌了鉛，孤立地一擲要比整個賭博的結局更難預測。結果，一旦開始賭博，就會有各種各樣的解釋，這就是爲什麼考證越深入細節，或然性就越顯得模糊不清的原因。孤立地看，在現代版的悲劇《奧瑞斯忒亞》中幾乎沒有一句台詞出自埃斯庫羅斯之手，然而就整個劇情而言，我們絕不會誤認爲它不是出自埃斯庫羅斯之手。整體比部分更具有確定性。

然而，究竟到何種程度，我們才可以理直氣壯地說出「確定性」這個漂亮的詞呢？很久以前，馬比昂就承認，考證特許狀的眞僞，不可能獲得「抽象的」確定性，他是完全正確的。僅僅是爲了簡明起見，我們有時就說證據而不說或然性。但我們現在比馬比昂時代更清楚，那條慣例對我們同樣適合。《君士坦丁的贈與》並非絕對不可能是眞品；或者，如某些學者的奇談怪論所云，塔西佗的《日耳曼尼亞志》也可能是僞造的。從同等的意義來說，猴子也並非絕對「不可能」在打字機上碰巧打出《君士坦丁的贈與》或《日耳曼尼亞志》來。庫爾諾曾言：「所謂不可能的事情，無非是指該事發生的概率極低。」如同其他研究事實的科學一樣，歷史考證也只有透過測定可能性和不可能性才能發現確定性，其所不同的只是研究的問題更細緻而已。

系統的考據法旨在求證人類事務，它的誕生標誌著巨大的進步。對此，人們有沒有足夠的認識呢？這裡所謂的「進步」，不僅指對歷史的認識，還關於整體的知識。

不久以前，人們公認歷史記載中至少有四分之三是事實，除非有充分的理由證明目擊者或著述者在作僞。也是在不久以前，呂西安·費弗爾成功地證明，文藝復興時期人們的思想和行爲與近年來人們的思想和行爲相差無幾，所以，文藝復興時期的傑作至今仍爲人們津津樂道。我們不能因此而認爲，冒牌的學者大可妖言惑眾，芸芸眾生又容易上當，我們脆弱的文明便面臨墮入無知和愚蠢之深淵的危險。即便是最堅定的思想，也不曾甚至無法擺脫時代的偏見。不是有人說什麼下過血雨嗎？哎喲，下血雨呢！如果蒙田在他心愛的古代書籍中讀到無頭國和力大無窮的小魚之類怪誕的說法，就會毫不猶豫地在他嚴肅的論述中加以記載；其才智本來足以使這種謊言不攻自破，但他擅長駁斥流行的觀念，而不善於質疑所謂經過證明的事實。正如拉伯雷神話中那位赫塞老人，他統治著人類世界和自然界，或許他對自然界的控制更甚於對人類世界。由於直接的經驗，最先受到懷疑的往往是人類事件，而不是流星或生命有機體的無規律性。如果你的世界觀與神跡相悖，如果你的宗教觀與別種宗教宣揚的神跡相矛盾，你就會迫使自己在這些怪誕現象中努力找出某些顯而易見的原因。無論是魔鬼的行爲還是神教的力量，這些「因素」所屬的那套觀念與現代科學思想是完全格格不入的，但沒人敢大膽否定這些東西。帕多瓦學派的傑出代表蓬波納齊極力反對基督教的超自然主義。據說，國王手上塗了聖瓶裡的油，一碰病人，病就能治好，而這僅僅因爲他們是國王。對此，蓬波納齊根本就不信，然而他並不懷疑治癒這件事本身，而是從遺傳生理特徵來解釋該現象，這樣一來，神聖而輝煌的特權變成了能治病的王室唾沫。

以往幾百年來，人們曾對自然界許多虛幻的奇蹟堅信不疑，今天我們已能澄清這些看法。這應歸功於一種日漸成熟的觀念，即永恆不變的規律在支配自然秩序。

然而，若非對人類自身做耐心的實驗並提出證明，就不可能澈底否定與之相悖的現象，這個觀念也不可能牢牢地站住腳。我們已能揭示並解釋證明的不完善之處，並有權提出質疑，因爲我們比前輩更明白，應當在何時以及爲什麼提出質疑。正是透過這種方法，科學成功地拋棄了許多壓在人們身上的荒謬問題的重負。

但是，在這裡，與在其他地方一樣，純粹的知識並不和行爲相脫離。

理查德·西蒙是考據學的開山始祖之一，他不僅給我們留下諸多有關注釋學方面的有益教誨，還以其敏銳的思想挽救了一批頭腦簡單的人——他們正被愚蠢的巫術所控告和迫害。這絕非偶然的巧合，因爲兩者都需要思維的訓練，同樣的工具適用於兩者的需求。辦案總要根據別人的報告，法律訴訟對評估這些報告是否正確的興趣絕不亞於純學術的研究，它所運用的方法與學術考證也沒有多大差別。事實上，學術界先走了一步，在有效地運用質疑問難方法的方面，法律界慢吞吞地跟在波朗德派和本篤會後面亦步亦趨。只是在人們對混亂的歷史記載進行很久的理性考證之後，心理學家才開始想到以人爲科學的對象而進行觀察和誘導。當今之世，弄虛作假、謊言惑眾之事盛行不衰；在學校的課程中，居然沒有考據學的一席之地，這實在可恥。在學術研究的領域，考據學已不再是一門無足輕重的輔助學科，它有著廣闊的前途，借助於考據水準的精益求精，歷史學將自豪地爲人類開闢一條追求眞理和正義的嶄新大道。

第四章　歷史的分析

評判還是理解？

可敬的蘭克有一句治史名言：「如實直書」，史學家唯一的目的就是按照事情發生的本來面目記述歷史。希羅多德也早就說過：「如實記載。」換句話說，也就是指學者或史學家要以超然物外的態度對待史實。或許像其他許多格言一樣，這句格言的成功也是因爲其含義的模糊。人們可以從這句話中感受到史學家正直的品德，我們相信，這就是蘭克的原意。但是，如果從被動的意義來看，自然會產生兩個問題：首先，什麼是公正無私的歷史？其次，歷史學的宗旨是再現歷史還是分析歷史？

如果確實存在公正無私這個命題，那完全是由這個詞的模稜兩可造成的。

有兩種形式的公正無私，一是學者的公正無私，一是法官的公正無私，兩者的基本共同點都是忠於事實。學者紀錄，或更正確地說，是歡迎與其最偏愛的觀點相悖的事實。一個好的法官，不管他內心傾向於何方，在向證人提問時唯一的目的還是分清楚事實，而不是考慮事實到底會怎麼樣。毫無疑問，兩者都受良心的支配。

接著，兩者就要分道揚鑣了。學者觀察事實並做出解釋，任務就完成了；而法官還得判決，若能不受一己好惡的支配，依照法律裁決，他就是公正的。我們是在法的意義上而不是在科學的意義上談論他的公正，因爲若不接受一套與實證科學無關的價值規範，人們就既不能定罪也不能赦免。某人殺死某人是可以證明的，但只有假定殺人者罪有應得，才能對殺人犯嚴加懲罰。然而，這一觀點並未爲所有的文明社會接受。

長期以來，史學家就像閻王殿裡的判官，對已死的人物任意褒貶。這種態度能滿足人們內心的欲望。任何批改過學生考卷的老師都知道，學生喜歡在課桌下玩弄地獄判官的把戲，這是很難勸阻的。帕斯卡曾一針見血地指出：「我們都願像上帝那樣，判定此爲善彼爲惡。」人們忘記了這一點，價值判斷只有在作爲行爲的準備並與公認的、自覺的道德規範有所聯繫之時，才有存在的理由。在日常生活中，行爲準則的要求迫使我們應用這些相當簡明的標籤，而當無須受行爲準則束縛時，當公認的觀念與我們的觀念截然相反時，這標籤就會使我們難堪了。我們對自己、對當今世界也未必有十分的把握，難道就這麼有把握爲先輩判定善惡是非嗎？將一個人、一個黨派或一個時代的相對標準加以絕對化，並以此去非難蘇拉統治時期的羅馬和黎塞留擔任樞機主教時的法國之道德標準，這是多麼荒唐啊！而且，這種評判極易受到集體意向起伏和反覆無常的個人愛好所影響，就沒有什麼比它更容易變化了。

加上人們重視匯編榮譽名冊，輕視搜集隨筆記錄，種種因素使歷史學自然地蒙上一層反覆無常的外衣。空洞的責難，然後又是空洞的翻案，親羅伯斯庇爾派、反羅伯斯庇爾派，發發慈悲吧！僅僅告訴我們羅伯斯庇爾是怎麼回事就行了啊！

如果評判只是爲了合乎解釋，那麼讀者盡可略過這些評判；不幸的是，由於習慣於判決，也使人們對解釋失去興趣。過去的偏愛和現在的成見合爲一體，眞實的人類生活就會被圖解成一張黑白分明的畫面。蒙田曾告誡：「每當評價有傾向性時，人們的敘述就會情不自禁地受其影響而一邊倒。」要窺見前人的思想，自我就應當讓位；而要說出我們的觀點，只要保持自我就行了。褒貶路德要比研究路德的思想容易多了，相信教皇格里高利七世對國王亨利四世的看法，或贊同亨利四世對格里高利的看法是很容易的，然而要揭示西方文明史上這場偉大活劇的內在原因就要難得多。

暫且不提人性問題，還是讓我們考慮一下大革命時期沒收土地的問題。在恐怖時期，政府廢除了過去的法律，決定將土地分小塊出售，而未進行競爭性的拍賣。此舉的確嚴重損害了財政部的利益，某些當代學者嚴厲抨擊這一政策。要是他們敢在當時的國民議會中這樣大聲抗議，那才算得上有勇氣呢！在遠離斷頭台的地方猛烈抨擊當年的政策，這只能令人發笑，與其如此，還不如考察一下在共和三年人們的眞實想法。當時的人希望小農能獲得土地，首先考慮的是救濟貧農，以確保他們對新政權的效忠，而不是考慮預算平衡。他們這樣做是對還是錯呢？誰會在乎歷史學家的馬後炮呢？我們應當提醒那些學者，不要沉迷於自己的觀點便忘了當時的可行性。當然，人類思想發展史所提供的教訓是很清楚的，較前而言，科學已顯示出更大的成果；從長遠的觀點看，科學越是進步，人們就越是自覺地拋棄以人爲本位的善惡觀。今天，如果還有哪位化學家將氣體分爲惡的氣（如氯氣）和善的氣（如氧氣），那定會遭到人們的嘲笑。但是，在化學的童年時期，若不採取這種分類法，它就可能止步不前，不利於人們加深對事物的認識。

不要扯得太遠了，當然，人文科學的術語自有其特性。自然科學的術語排斥目的論，「成功」、「失敗」、「無能」、「能幹」這類詞至多只能產生虛構的作用，何況使用時還充滿著危險。然而，它們卻是歷史學的正規用法，因爲人是史學的對象，人天生就能追求有意識的目的。

軍官總想獲勝，如果雙方兵力相等卻打了敗仗，就完全有理由歸咎於他的指揮不善；要是老吃敗仗，根據觀察到的事實，就證明他肯定不是一個高水準的戰略家。假設過去某時，有個金融機關的目的是犧牲貸方利益以利借方，若加以評論說這做法很出色或很可悲，你的立場就在借方或貸方中必居其一，從而將自己對公共福利的主觀看法任意捲入了這椿歷史公案。但是，若假設這一政策旨在減輕債務，而由於某些偶然的因素，其結果卻適得其反（往往確有其事），我們就會說：「它失敗了。」這不過是陳述一個事實。從心理學的角度看，不成功的行爲正是人類演變過程中一種至關重要的數據。

還要補充一點，或許那位將軍是故意打敗仗的呢？我們就會毫不猶豫地指責他叛變。「叛變」一詞最直截了當，歷史學若排斥這類簡單明瞭的常用語彙，就會顯得迂腐不堪。接著，我們來看看當代的共同道德觀是如何看待這種行爲的。過去，在義大利雇傭兵看來，背叛也是一種合乎邏輯的行爲。

千言萬語，歸根結底，「理解」才是歷史研究的指路明燈。不要以爲眞正的歷史學家是不動感情的，無論如何，他還是有感情的。實際上，「理解」一詞既包含著困難，又孕育著希望，同時又使人感到親切。甚至在訴訟時，人們也往往輕易下結論，動輒指責他人，而從來不提倡充分的理解。任何與我們不同的人，如外國人、政敵，幾乎毫無疑問是惡人。在雙方不可避免的衝突中，有必要加深一些理解以便於疏導，倘若有時間進行充分的理解，就能防止衝突。只要歷史學能拋棄它那假天使的架子，就能避免上述弱點。理解包括體驗人類千變萬化的差異，包括人們之間不斷進行的交往。只要這種交往是善意的，就會對生活與科學有百利而無一弊。

從人類功能的多樣性到人類良心的一致性

當然，理解並不是被動的，科學的實踐需要兩件東西：論題和人。與自然界一樣，人類現實生活紛繁複雜、氣象萬千，即便有一張全眞再現原型的照片，僅憑這點東西也是難以說明問題的。文獻資料是否就像在歷史和現實之間插入的一幅草圖呢？是的，文獻的取捨存佚往往是隨意的，它們從來不按理智的需求組成題材。與任何學者、任何正常的思維一樣，歷史學家也要對史料進行選擇和分類。總之，他要分析史料，就首先要找出相似之處，以便進行比較研究。

我面前有一塊古羅馬的墓誌銘，刻在一塊石頭上，目的也很單一，但其中包含豐富複雜的史料，等待著學者的銀針去探究。

如果對當時的拉丁語詞彙、句法之類的語言現象特別感興趣，那麼，研究這種華麗的語言，就能透過銘文窺見當時的日常用語方式。如果喜歡研究信仰問題，也正好可以從中了解當時人們對來世的想法。若要探討政治制度，發現一個皇帝的名字或行政官的任期，也會使人欣喜萬分。如要考察經濟狀況，銘文或許也能透露某項鮮為人知的貿易。還有種種其他的可能性就不一一列舉了。我們來考察一下文明發展史上的某一特定時期吧！有關該時期的史料種類繁多，當時活著的人都參加過各種社會活動，都說過一些話以使左鄰右舍了解他，都有自己信仰的上帝；他們或是生產者，或是商人，或是消費者，即便沒有捲入政治事件，也多少受到其影響。面對每一份資料、每一個人、每一種集體生活狀況，難道我們能不加以選擇和整理就按原來混亂的形式照單全收嗎？這樣做，歷史將毫無清晰度可言，也無法揭示由自然親和力與內在聯繫構成的眞正歷史脈絡，取而代之的只能是膚淺的大雜燴。如同做實驗記錄，並不需要把實驗室裡每分鐘所發生的事情都記下來混雜在一起。

如果我們自認為已看到人類發展進程中某些現象之間的內在聯繫，這時就會對每一種制度、信仰、習俗或事件進行如此這般的分類，以表明特殊的、在某種程度上又是永久的個人或社會趨向。除此之外，我們還能說明什麼呢？例如，儘管有種種衝突，但在所有的宗教情緒中存在著某些共同的東西，難道我們能否認這一點嗎？要知道，只有了解同類的其他事實，才能更好地了解任何人類事實。在封建社會初期，與其說貨幣是支付手段，不如說是一種價值標準，這與一八五〇年左右創立的西方經濟學準則截然不同，而十九世紀中葉的貨幣制度與今天大同小異。然而，我認爲，一個學者若只懂得西元一千年時的貨幣，肯定難以掌握它在當時的特殊用途，這就證明需要一定的專業化知識。而所謂專業化，從某種意義來說，是一種垂直狀態的知識，也就是劃定有限的範圍來證明其合理性，也只有在有限的範圍內，才能證明專業化是合理的，並以此來彌補我們思維的侷限和短暫生命所帶來的欠缺。

忽視合理組織原材料的重要性，從長遠的觀點來看，就等於否定時間，也就是否定歷史本身。無視早期拉丁語的發展情況，又有誰還能搞懂這時或那時的拉丁語呢？某種所有制形式或宗教信仰當然不會憑空產生，而是從古至今發展而來的，因此人類現象首先要受到相似現象之鏈的控制。對這些現象加以分類，才能充分揭示其宗旨。

也許有人會提出異議，這種用簡化生命的方式所確立的界線僅僅出現在你的腦子裡，並不存在於現實中。在現實生活中，萬事萬物都是糾纏在一起的；而且，你在運用「抽象」的方法。就算是這樣吧，爲什麼要害怕「抽象」呢？任何一門科學都不能排斥「抽象」，正如它不能排斥想像一樣；順便提一下，值得注意的是，反對抽象的思想家往往也討厭想像，兩者都是對實證主義的曲解。人的科學也不例外，從絕對意義來說，葉綠素的功能究竟在哪些方面比經濟功能更「眞」呢？唯有把錯誤的歸納作爲根據而進行的分類才是可悲的。史學家的職責在於經常檢驗自己的分類歸納是否正確，以便證明其合理性，有了錯誤，則加以訂正。儘管歷史學家同樣力圖概括現實，卻可以站在各自不同的有利角度去看待問題。

例如，所謂的「法律史」，教科書這一死板的工具已使這個術語大眾化，但它到底是什麼意思呢？一條法令就是一種具有明顯強制性的社會規範，政府頒布法令，並設有一整套強制性的懲罰機構，迫使人們遵守法令。事實上，這樣的戒律可以約束各種行爲，但它們絕不是控制行爲的唯一手段。在日常生活中，人們的行爲往往要受到道德、職業和時尚的左右，而它們的要求與法律不同。何況，法律的界限經常波動，而社會公認的準則即使因載入法律而顯得更爲明晰有力，也不會因此改變其性質。從嚴格意義來說，法律僅僅是現實形式上的表象，而現實本身是錯綜複雜的，難以爲單一的研究提供有效的題材。此外，法律也沒有窮盡全部現實。以家庭爲例，無論是當今盛行的核心家庭，還是以感情和利益爲紐帶的中世紀大家族，要眞正了解家庭生活，難道只要逐條列舉家族法規就足以說明問題了嗎？某些人以爲的確如此，這樣一來，即使是對當今的法國家庭，我們也無力釐清其內在的變化，這正表明那些人眞是太傻了。

不過，在法律觀念中的確有一些與眾不同的、實實在在的東西。因爲，在許多社會裡總有一部分以此爲專業的人，他們制定和實施法律，自然會把法律作用與社會功能聯繫起來；他們自有其傳統，並經常運用其特殊的推理方法。總之，除非作爲法官史，法律史難以孤立地存在。人的科學中有這樣一門分支也不是壞事，世間萬象錯綜複雜，但無不從屬於人類的活動，從這個意義上來說，法律史畢竟投射出一線微光，光的亮度雖然有限，卻也頗能說明問題了。

有一門與眾不同的學科，通常稱之爲「人文地理學」。其視角與法律史不同，與宗教史或經濟史也不同，它不是從專業思想出發來看問題的。宗教史和經濟史專門研究人類特殊的本質，如信仰、情緒、感情的宣洩、希望、由難以爲人理解的力量所引起的恐懼，以及滿足需求或組織物質的努力。它們主要研究大量共同社會現象之間的聯繫類型，而人文地理學研究人類與自然環境之間的關係。這種關係顯然是雙向的，人類作用於自然界，自然界也反作用於人。人文地理學所取得的成果已證明這門學科存在的合理性，但還需要其他學科的補充才能更爲完滿。任何門類的研究，其分析能力都是這樣的。科學將現實分解成部分，這只是爲了研究的便利，專業化猶如聚光燈，其光束應不斷地互相交叉，互相聚合。假如每一個操作聚光燈的人都聲稱自己已洞悉一切，每一門學科都妄稱自己是至高無上的眞理，那就太糟糕了。

應當注意，不要在自然科學和人的科學之間標上任何虛假的幾何平行線。從我的窗台看出去，物理學家可以解釋天空爲什麼是藍的，化學家可以分析小溪流水的成分，植物學家可以觀察草木的成長，每一個學者都選擇適合自己的專題，而不願關心整體的景象。他們把再現整體景色的任務留給了藝術，或許只有畫家或詩人才願意做這件事。這種景色令我遐想，實際上，整體的景象只存在於我的意識之中。可見，科學的方法就是有意識地排斥觀察者，以便更深入地了解被觀察的事物。這已被各門學科所應用並得到證實。對自然科學而言，我們腦裡已形成的事物之間的聯繫似乎是任意的，自然科學就是有意要切斷這種聯繫，以重新確立在它們看來顯得更爲眞實的區別。即便如此，生物界仍提出一些相當微妙的問題。爲了研究的便利，生物學家確實可能分別研究呼吸功能、消化功能和運動功能，但絕不會不知道他還得認識整體的人。歷史學面臨著另一種性質的困難。歷史學最終要闡明的論題是人類的意識，對歷史學來說，人類意識的內在聯繫，人類意識的錯綜複雜，人類意識的影響，正是現實本身。

宗教家、經濟學家、政治家……這類冗長混亂的拉丁化名詞還可以列出一大串，但千萬要小心，不要因此忘了他們的眞面目。只要這種分類不至於成爲有害的東西，將人分成有名無實的種類（或許只是爲了方便起見）。還是要把他們重新合爲一體，有血有肉的人才是眞正的人。

人的內心世界往往是多重的，有些人表現得特別明顯。居斯塔夫·勒諾特爾大爲吃驚地發現，在大革命時期的恐怖主義者中竟有不少慈父。有人把革命者描繪成凶神惡煞，以取悅中產階級，即使我們偉大的革命家眞的是嗜血惡魔，居斯塔夫·勒諾特爾的驚訝也無非暴露出自己思想的狹隘——有許多人願意並成功地保持著多重人格。究竟有多少人過著這樣的生活呢？

然而，這並不等於要否認內心深處的自我統一和自我不同傾向的互相交織。作爲數學家的帕斯卡和作爲基督徒的帕斯卡，難道會形同陌路嗎？身爲著名醫師的弗朗索瓦·拉伯雷，其思想難道會和所著《巨人傳》的主角龐大固埃的回憶毫不相干嗎？人們嘲笑羅馬皇帝弗洛里安努斯，因爲他寫出令人泣下的哀歌，卻時常抽打自己的情婦。也許他在詩文中傾注了過多的甜蜜感情而得到自我安慰，因此才從不把它付諸行動。中世紀的商人，白天公然違反教皇有關高利貸和物價的戒律，晚上卻跪在聖母像前假裝虔誠，或在遲暮之年捐贈大筆慈善金。產業革命初期的工廠主，剝削衣衫襤褸的童工，把榨取的錢財用來建造醫院。人們通常認爲，他們這樣做是企圖換取一張廉價的保險單，以逃避上帝的懲罰，其目的眞的是這樣嗎？還是由於眞心地虔敬上帝而大發慈悲呢？或是嚴酷的日常生活使其良心泯滅，他們想借此略爲緩解愧疚的心情嗎？這些矛盾的現象都是很難把握的。

讓我們從個人轉向社會吧，僅僅把社會簡單地稱爲個人意願的總和也許還不夠，但總的看來，社會畢竟是個人意願的產物。因此，可以理解，各種意願會不斷地相互作用。從十二世紀到宗教改革，紡織工人的社團始終是產生異端的溫床，這一事實已被確證，値得在宗教史上記下一筆；然後可把這張卡片放進抽屜，再把一些卡片扔進旁邊的小抽屜，其中一個抽屜標有「經濟史」的字樣。這樣，有關這些異教紡織工的研究是否就完成了呢？我們還要做一番解釋，因爲他們不僅使宗教生活與經濟生活共存，而且將兩者融爲一體，這正是他們的基本特徵之一。前幾代人曾擁有共同的道德觀念，這些觀念是那樣牢不可破，這給呂西安·

費弗爾留下深刻印象。他提出兩大理由，其一是拉普拉斯的宇宙體系統治了人們的思想，其二是由於貨幣的「反常穩定」。這兩大因素似乎毫不相干，卻共同促使社會形成某種特殊的思想傾向。

當然，這種關係在個人思想方面和集體思潮方面都是非常複雜的。人們常說文學是「社會的反映」，今天我們再也不敢不加任何限定就這樣說了。這話肯定不正確，鏡子裡的成像是被照事物的「反映」，從這個意義來說，上述說法就是不確切的。文學既可以反映對社會的讚美，也可以表現對社會的反感，而且幾乎可以說，文學必然包含有承自先人的主題，在書齋裡學來的文學技巧、陳舊的美學規範，都會成爲文學滯後於社會發展的原因。弗西隆說得好：「在任何一個特定時期，政治、經濟、藝術並未在各自的曲線圖上占有相同的位置。」（我看，還是說「不必占有」爲好。）由於這些差異，社會生活的節奏才顯得波瀾起伏。同樣地，用多元論者過時的心理學術語來說：「芸芸眾生，心態各異，很少有所謂的同一年齡層。」有多少成年人還像孩子那般幼稚啊！

一八三七年，密芝勒向薩姆・伯夫解釋說：「假如我的著作只涉及政治史，而不考慮宗教、法律、地理、文學、藝術等不同的歷史因素，其體例可能與現行本大相逕庭。但因爲所有這些不同的因素都包含在統一的故事之中，這就需要表現一場偉大的有生命的運動。」三十年後，浮士蒂爾·古朗治在索爾奔學院向聽眾宣稱：「假設由一百位專家根據抽簽結果來分工，研究法國歷史的各個部分，你認爲他們最終能寫出一部法國史嗎？我才不信呢！他們會忽略事實之間的聯繫，而正是這種聯繫才能反映歷史的眞面貌。」將這兩個形象比較一下是很有意思的；密芝勒用了生物學的術語，浮士蒂爾生於牛頓天體物理學在科學界獨步一時的年代，於是他從空間聯繫來比喻。兩人的基本共同點令人矚目。文明與人一樣，絕不像機械排列的單人紙牌遊戲，就事論事、支離破碎的認識絕不會導致對整體的認識，它甚至對部分也不能認清。這兩位偉大的歷史學家絕不會忽視這一事實。

唯有經過分析才能重新組合，更確切地說，它是分析的繼續和最終的完善。前述我設想的那種景象，一開始是模糊不清的，我們無法分辨其中的內在聯繫，只有對它們進行分門別類，才能看清錯綜複雜的網絡。爲了眞實地反映生活內在的作用與反作用之間的關係，我們最好不要自認爲已把握了整體，單個的學者沒有能力完成如此龐大的任務。最合理而有益的研究莫過於研究社會的某一特殊方面，更確切地說，要研究這些方面中的一兩個具體問題，如信仰、經濟、階級和集團的結構、政治危機等等。

如果人們希望有所發現，就要經過系統的選擇，這不僅對之後問題的陳述會更具體，而且也能更清晰地顯示事實之間的聯繫和內在的變化。歐洲文藝復興時期有許多大商人，如布匹、香料販子，壟斷銅、水銀和明礬經營的生意人，國王和教皇的金融家，光知道他們的生意經就能眞正了解他們本人嗎？不要忘了，霍爾拜因曾給他們畫過肖像，他們也讀過伊拉斯謨和路德的著作。要了解中世紀奴僕對領主的態度，就得了解他們對上帝的態度。史學家無法脫離時代，但是，歷史的長河波瀾起伏，史學家有時也要考察跨越時期的、連接各種現象的長風巨浪，在某些非常時刻，這些激流往往會變成強有力的旋渦。

術語

總是侷限於區分個人或社會活動的各個主要方面，那就未免太繁瑣了。面對這方面大量的史實，我們需要一種新的、更爲周密的分析方法。必須區分形成政治體制的各種機構和形成宗教的各種信仰、習俗及情感，必須從整體著眼，分清這些部分事實與同類事實之間的異同。實際上，分類的所有問題都與術語這個基本問題有關。

分析首先需要適當的語言作爲工具，這種語言能簡明地表述事實的概要，同時又保持必要的彈性，以便在進一步有所發現時仍能調整適應。總而言之，術語應當簡明扼要。這正是使歷史學感到棘手的地方。保爾·瓦萊里對歷史並沒有太多的好感，但他思想敏銳，清楚地看到這一點：「下定義時應以明確的術語取代那些含糊不清的詞語，就歷史學而言，這一天尚未到來。」說這一天尚未到來，是不是就不可能到來了呢？它爲什麼姍姍來遲呢？

化學有專門的符號，甚至還有專門的術語。要是我沒弄錯的話，「氣體」就是法語的新造詞彙之一，那是因爲氣體之類的化學物質並不會自己給自己命名。化學排斥那些概念含糊的詞，透過觀察、分類而以新的術語取代它，但前者未必比後者更疏離其對象，從這個意義上說，前者也未必比後者更爲武斷。不管是把它命名爲礬還是硫酸鹽，化學物質本身都無法左右我們的選擇。人文科學就截然不同了，人們給自己的行爲、信仰及社會生活的各個方面命名，而不必等到這些東西成爲客觀研究對象時才得以命名；因此，歷史學的大部分詞彙均取自其研究論題本身。被歷史學吸收的這些詞彙經過長期的運用，已變得面目全非，而更多的詞其含義本來就模稜兩可，並不是那些經過專家嚴格整理的表述系統。

更糟糕的是，這些借來的語詞本身就缺乏一致性。各種史料都有一套自己的慣用語，如果歷史學家注意它們，就得記下那個時代的常用語，它們在各個時代都有不同的含義。當然，歷史學家總是以自己的時代範疇來思考問題，並用自己時代的語言來著書立說。我們今天說「貴族」，老加圖時代的羅馬人是可以理解的，而如果一個作者要論述羅馬帝國危機時期「資產階級」的作用，他又怎麼能把「資產階級」這個概念譯成拉丁語呢？可見，兩種不同的起源必然使歷史學的術語產生分歧。讓我們來逐個進行考察吧！

初看起來，再造或複製過去的術語似乎不會有什麼問題，但只要眞正付諸實踐，就會遇到重重困難。首先，事物發生了變化，其名稱卻未必發生相應的改變。因爲所有的語言都具有因襲傳統的特性，而且，大多數人是缺乏創造性的。

儘管許多詞通常只在形式和結構上發生一些明確的變化，可就是爲了實用，進行一番考察也是有益的。如果鄰居對我說，他乘coupe（轎車或轎式馬車）或limousine（車）出門，我怎麼能知道他乘的是馬車還是汽車呢？要知道的話，除非我以前去過他的馬車棚或車庫。語言法則規定，aratrum指無輪犁，carruca指有輪犁。由於先有無輪犁，之後才發明有輪犁，如果在書中讀到那個舊詞aratrum，我能肯定它不是指新的農具嗎？馬蒂厄·多馬斯把他發明的工具叫做charrue，而它實際上應當叫araire（擺插步犁），因爲它沒有輪子。

考察一下比較抽象的詞，就會發現，沿用傳統的現象在這裡更爲突出。那是因爲在這種情況下變化相當緩慢，以至於人根本覺察不到。人們沒注意到內容的變化，當然就認爲沒必要調整「標籤」。拉丁語servus（奴隸）一詞在法語中的對應詞是serf（農奴），這種用法已有幾百年的歷史，但這一稱呼的內涵已發生了一系列的變化，古羅馬的servus，與聖路易時代的serf相比，兩者之間的差異要遠遠超過其相似之處。因此，史學界一般保留serf一詞，特指中世紀的農奴，至於古代（中世紀前）就改稱爲奴隸。換句話說，在這種情況下，他們寧可用對應詞，也不願照搬原詞。這樣做難免會損害正確性，因爲他們用來形容古羅馬時期的那個術語，在西元一千年前根本就沒有產生呢！他們所描繪的買賣斯拉夫戰俘的人肉市場提供了典型的奴役模式，而對西方土生土長的農奴來講，這是聞所未聞的。只要不走極端，這種方法還是有用的。究竟在哪個交接點上，奴隸該由農奴來取而代之呢？這就像一團永遠理不清的亂麻。無論如何，爲了儘量反映事實，我們不得不用自己的術語來取代古代的語言，這種術語即使不是我們發明的，也至少是經過我們修正的。

相反地，事物的名稱有時也會因時間、地點的不同而發生變化，這種變化是與該事物本身的變化相脫節的。

有時，在語言的演變過程中，有些特殊的原因會導致某些詞語的消失，卻絲毫不影響該詞所反映的事物或行爲，因爲語言有其自身的抵抗力和延續性。羅曼語中的拉丁動詞emere（買）已經被廢棄，取而代之的是來源完全不同的acheter、comprar等等。一位學者曾企圖用這些詞語的演變過程，來證明西方社會的商業體制是從古羅馬演變而來的。他自以爲有能力證明這類涉及面極大並富有獨創性的論題，要是他自問一下能否孤立地研究語詞轉變這個事實就好了。源於拉丁語的語系往往省略短音節的詞，微弱的非重讀音節使這些詞漸漸銷聲匿跡，這是一種純粹由語音性質導致的現象。將變幻莫測的語音現象與經濟發展的特徵混爲一談，那就太荒謬可笑了。

許多社會因素使詞彙的統一難以實現。在中世紀這樣分散的社會裡，一些基本相同的機構名稱卻往往因地而異。即使是今天，在農村方言中，對一些完全相同的事物和普遍流行的習俗也有不同的稱呼。例如，我現在居住的中部地區把村莊叫做hammeau，北方則稱爲bourg，這種用詞的變化是值得研究的，但歷史學家如果必須使自己的術語與它們一致，那將損害歷史學語言的清晰，而且，就等於沒有履行自己主要的職責——分類歸納。

與數學和化學不同，史學並沒有那些與民族語言無關的符號系統以供自己使用。史學家都說本國語言，要是他遇到一個用外語表述的事物，就得把它譯成本國語，如果那個詞指的是常見的事物或行爲，那麼譯出來也不會有很大障礙。詞彙的「現款」是最容易等值交換的。然而，制度、信仰、習俗之類在特定的社會裡起著極大的作用，要將這些詞譯成另一國度的語言難度很大，並且很容易出錯，因爲對應的詞必須以相似性爲前提。

在確實譯不出的來情況下，爲了正確解釋是否只好用原詞呢？是的，有時這樣做也是可取的。一九一九年，人們看到威瑪共和國的憲法仍保留著Reich（帝國）一詞，並以此指德國，爲此，某些法國的共和主義者大聲抗議道：「多奇怪的共和國，居然還自稱帝國。」事實上，Reich並不單指有皇帝的帝國，由於這個詞與德意志政治史上時分時合的狀況有直接的關係，因此對於民族歷史與它完全不同的語言來說，要將這個有特殊含義的德語詞彙貼切地譯出來幾乎是不可能的。

這樣機械地移植外語固然方便，但不能成爲慣例；況且不談語言的確切性，歷史著作中充塞著外來語就令人頭痛了。這就像某些鄉村小說家，他們用慣了方言，不時會在小說中插入幾句土話，讓人看了不知所云。不再努力尋找對應詞將有損於正確反映事實。可以用法語的serf（農奴）或其他有關的詞來稱呼十八世紀沙皇俄國的Krepostnoi（農奴制），而這個對應詞其實很不貼切。在沙俄，這種制度會使依附於土地的農民逐漸淪爲眞正的奴隸；在法國，雖然這種人身依附關係也十分嚴重，但絕不至於剝奪個人的一切權利，幾乎可以說，沙俄的農奴制與法國中世紀的農奴制根本就沒有共同的地方。可是，簡單地照搬Krepostnoi一詞並不能解決問題。在羅馬尼亞、匈牙利、波蘭乃至德國東部地區，均有與沙俄十分相似的農民人身依附關係。對此，難道我們必須逐個用羅馬尼亞語、匈牙利語、波蘭語、德語和俄語來表述嗎？這樣做仍然不能解決問題。只有依靠正確的術語才能反映事實之間內在的聯繫，從而做到名副其實。

雖然標籤選得不夠好，可總得有一個共同的標籤，而且必須用本國語言來寫標籤，不能全都照搬外來語。在這方面，消極無爲的態度是不可取的。

許多社會都存在雙重等級的語言，一文一白並行不悖。後者通常用於思維和講話，在寫作時就會有所取捨了。從西元十一世紀到十七世紀，阿比西尼亞人書寫用古茲語，講話用阿姆哈特語。希臘語曾是東方文化的一大語種，經常雲遊四方的福音傳教士書寫用希臘語，交談則用阿拉米語。在中世紀的歐洲，拉丁語曾長期作爲官方用語和書面語。這些書面語或承襲於已消逝的文明，或取之於鄰國，傳教士和書記員必須用這種語言來表述許多原本不是用這種語言來表述的事物，便借助一整套詞語轉換系統來達到目的。當然，這種詞語的轉換難免十分牽強。

除了實物之外，正是這些文字記載使後人得以了解古代的社會。在我們眼中，盛行雙重語言的社會就像蒙上了一層面紗，有時還會增加一層布幕。威廉（征服者）曾下令實行土地整理制度，那時的調查清冊《末日審判書》就出自諾曼第和曼恩的書記員之手，他們不僅用拉丁語來記載英國特有的制度，還先用法語來加以思考。歷史學家如在譯讀文獻時遇到這類術語，就只有採取還原的辦法，捨此別無他途。假如文獻所用的對應詞一直是很貼切的話，還原還比較容易；例如從編年史家所寫的「執政官」這類詞不難看出實際指的是法官。不幸的是，情況不會總是那麼順利。十一世紀、十二世紀特許狀中的colonus（自耕農）指的是什麼呢？那是一個無意義的問題。這個詞並不是從人們日常用語中派生出來的，因爲它已經不再用來表述任何有生命的概念，當時公證人往往用典雅的拉丁語表述一系列不同的法律和經濟狀況，這只不過是翻譯時所慣用的一個詞語。

兩種截然不同的語言之間所出現的對立，實際上正是一個典型的例子，反映了詞語對應的情況，這又是任何社會都共有的。即使是像法國這樣統一性很強的國家，其中每一個不同的職業小圈子，每一個由不同的文化素養、不同的經濟收入構成的階層都有獨具特色的表述方式。並非所有的社會集團都會用文字記下他們的活動，或者說就是寫了也未必有機會傳諸後世。誰都知道，官方的司法審訊並沒有原封不動地照錄被審者所說的話，法庭的書記員幾乎當場就開始整理口述的內容，使之符合語法結構，並刪去一些在他看來太過粗俗的話。歷史上各大文明也都有自己的「書記員」，我們首先聽到編年史家的聲音，而最突出的聲音是法理學家發出的。我們不要忘了，他們所用的詞彙以及用這類詞彙進行的分類歸納大都經過一番推敲潤飾，而且通常會受到一些傳統的不良影響。在有關加洛林王朝時期采邑的文獻和教會法規中，術語相當混亂，而且可能是杜撰的。假如我們用不著苦苦鑽研這些術語，而能親臨當時的村莊，聽聽農夫們是如何互相談論自己生活狀況的，或聽聽領主們是如何描繪其侍從生活狀況的，我們肯定會大吃一驚。學者與法理學家的記載具有相當的分量，而這種日常交談用語本身當然無法描繪出總體的生活景象，但它至少能反映他們基本的思想感情。無論是面對昨天的上帝還是面對今天的上帝，只要我們能親耳傾聽到卑賤者真誠的祈禱，都會使人大受教益。自然，還要有一個假定條件，就是他們知道如何不加雕琢地一吐心曲。

最後，還有一個很大的障礙：世上最困難的事情莫過於自我表述。要以準確無誤且簡明扼要的詞彙反映周圍千變萬化的現實生活，這絕非易事，一般的常用語只能大致反映事實。人們總以爲宗教用語的含義一定十分精確，其實也未必盡然。只要調查一下法國宗教的現狀就會發現，連博學的布萊斯也被迫用一些更精細的界定來取代過於簡化的符號——「天主教」一詞。這值得史學家深思，他們往往以自己確信的（有時或時常是從自己不信的）觀點出發，十分教條式地對待伊拉斯謨的天主教教義。某些至關重要的事實，至今尚未找到貼切的詞語來加以表述。當今的工人開口閉口就是「階級覺悟」，儘管這個詞組也未必十分確切。我認爲，在舊王朝崩潰之際，這種意識以及由此而導致的團結一致在法國北部的農民身上表現得最爲強烈，從各式各樣的請願書和某些有關一七八九年的回憶錄中，我們能聽到那種憤怒的回聲，然而，卻沒有一個專有名詞來形容它。

總而言之，文獻的語言本身僅僅是另一種形式的證明，也無疑極有價值。但和其他史料一樣，它也不是完美無缺的，還必須經過考證。每一個重要的術語，每一次獨具特色的文風轉變，都有助於加深人們對歷史眞相的認識；但要做到這一點，就必須將語言現象與一定的時代、社會或作者的習慣用法聯繫起來進行考察。對於古代的文獻就更應如此，否則很可能會弄錯年代。十二世紀的王室塗油禮被認爲是一種聖禮，「聖化」一詞具有重大意義，但在當時並未具有當代神學所賦予它的含義；如今，「聖禮」的定義已十分明確，其他有關的詞彙也同樣如此。雖然事物的存在先於命名，但命名的意義也非同小可，它標誌著人們達到自覺認識的關鍵階段。當信仰一門新教的人自命爲基督徒時，這簡直就是一次飛躍。浮士蒂爾·古朗治等老前輩已在「歷史語義學」的研究方面給後人留下了一些成功的範例，從那以後，語言學的方法已大大發展。但願年輕的學者能再接再厲，樂此不疲，並將這種方法擴展到近現代史的研究領域，不斷開闢出一片片新的處女地。

雖然，詞語無法十分精確地反映事物，但畢竟與現實緊密聯繫，不運用大量的名詞，根本就無法描繪現實生活或做出正確的解釋。我們千萬不要效法中世紀那些令人厭煩的翻譯者，要說法官就該用「法官」一詞，若涉及古羅馬的歷史就用「執政官」一詞。一旦宙斯斷然將朱庇特從學者嘴邊放逐，我們對希臘宗教的理解就取得很大進展，但這種做法只適合制度、技術和宗教的細枝末節。如果認爲文獻中的術語完全有能力主宰我們的世界，這就等於承認它們已爲我們提供了現成的結論，若眞是如此，歷史學將無所作爲。好在事實並不是這樣的，所以我們不得不爲歷史學努力尋求寬廣的分類結構。

現今已有一整套專門的術語供我們使用，這些術語力圖超越任何特定時期的含義。幾代歷史學家曾不自覺地對這些術語加以修正和提煉，使許多不同時期、不同起源的詞素融爲一體。「封建的」和「封建制度」最早是法律術語，布蘭維里耶把這個十八世紀法庭裡的行話寫進自己的著作，後來孟德斯鳩也用了這個詞，結果就勉強成爲一種社會結構的代名詞，而且這種社會結構本身也沒有很好的定義。「資本」原是高利貸者和會計師的用語，早期的經濟專家擴充了這個詞的含義。「資本家」一詞是由最初的股票交易所裡的投機商人留下的，而「資本主義」（Kapitalismus）卻是一個新造的詞，它的結尾正好揭示其起源，今天它已成爲經典著作的常用語。「革命」原指天文學上的公轉，如今它的詞義已包含強烈的人文色彩：在天上，它指周而復始的天體運動；在人間，它指一往無前的社會大變動。「無產階級」一詞帶有古代的風格，法國大革命時期，人們從盧梭的著作裡找到這個詞，馬克思又從巴貝夫那裡加以沿用，並給「無產階級」打上他永久的烙印。美洲的原始部落教給我們「圖騰」一詞，澳洲的原始部落則傳來「塔布」（禁忌）一詞。面對這些人種史上的適應性變化，某些歷史學家卻仍然抱著崇古主義而戀戀不捨。

不同的詞源和詞義上的轉化並未給人們帶來不便，一個詞的價值在於它的用途，而不在於它的來源。如果說，在最廣泛的應用範圍內，「資本主義」也遠遠難以包含那些由借貸資金起作用的經濟制度。假如說，「封建」一詞通常所特指的社會不再以采邑爲主要特徵，那麼，這與任何科學的普遍習慣也並不相悖。當抽象的代數符號已不能滿足要求時，人們只好從複雜的日常生活用語中選取代名詞。「原子」的本義是指不可分的物質，物理學家一再用這個詞，實際上又在大膽地分解原子，難道人們會因此而責難他們嗎？

帶有感情色彩的詞更爲複雜，而這類詞又如此之多，強烈的感情往往無助於語言的精確。

甚至歷史學家也往往會將「封建制」和「領主制」這兩個術語混淆，造成不少的麻煩。這就是說，把兩種性質截然不同的依附關係混爲一談了。一種指軍事貴族的依附關係，另一種指農民與領主之間的依附關係；後者產生較早，持續的時間也更長，而且遍布世界各地。

這個誤解始於十八世紀。當時，還存在封臣和采邑，但也只是徒具法律形式而已，實際上，早在幾百年前就名存實亡了；反之，源於同樣歷史的領主制卻依然很有生命力。政治史家沒有對二者加以區分，不僅僅是出於誤解，更主要的是由於不能心平氣和地研究這個問題。他們討厭其中的年代錯誤，更討厭這種制度所包含的壓迫勢力，一概加以譴責就完事大吉了。然後，也是在十八世紀，在同一名義下，大革命將莊園制和其他名存實亡的封建制度一起廢除了，僅僅留下了回憶，而這種回憶是相當持久的，它生動地描繪了最後的衝突。從此，就形成了混亂。這種觀點本來就很偏激，在新產生的偏激情緒煽動下，原來的偏激情緒更到處蔓延。時至今日，當說到工業的或金融的「封建主義」時，我們還能保持不偏不倚嗎？觸及當時的歷史背景，人們總要回憶起一七八九年盛夏貴族城堡中燃起的熊熊烈火。

不幸的是，這正是我們許多詞彙共有的命運，在不平靜的生活中，當公眾發生爭議時仍會用這類詞彙，現在也有人向公眾誇誇其談說資本主義和共產主義是一回事，但他們並不是歷史學家。文字符號的象徵意義往往因時因地而異，情感的強弱使其含義更加含混不清。一八一五年的反革命一聽到「革命」一詞就會嚇得把頭藏起來，而一九四〇年的反革命卻打著「革命」的旗號來掩飾他們的軍事政變。

假設我們的詞彙最終達到不帶任何感情色彩的程度，那麼，就是最擅長運用語言的人也難免出錯。我們絲毫不想再次發表「唯名論者幽默的語言」。羅伯特·賽米阿德曾不無道理地認爲，這種語言是人文科學的專利品。語言是任何理性認識不可或缺的工具，難道有什麼法律不準我們使用這些語言嗎？例如，我們要論證「工廠制度」，這時並未因此創造一個實體，而只是在一個名稱之下儘量蒐集具體的事實，這些事實所具有的共性才是存在本身，也就是這個名稱所要指的意思。所以，這些專有名詞本身是完全合理的，錯誤往往是在使用的時候才產生。若選詞不當或用詞太死板，一個本來有助於分析的符號反而會無助於分析，它就會引起時代的誤置，而誤置時代正是歷史科學中最不可饒恕的錯誤。

通常將中世紀的人們分爲自由人和非自由人，然而「自由」一詞在各個時代都有其特定的含義。因此，現在某些歷史學家從所謂「標準的」含義出發，也就是從他們對這個詞的理解出發，認爲中世紀「非自由人」的說法極不妥當，應改稱爲「半自由人」。如同毫無任何文獻依據而生造的詞一樣，無論在什麼情況下，這個詞用起來總顯得特別生硬。不幸的是，這還不是最糟糕的呢！這種虛假的精確最終必使區別自由與奴役的廣泛研究變成多餘的行爲，要知道在任何文明社會，這一界線總是不確定的，甚至會因時代和階級的偏見而變化。但是，其基本的特徵之一就是不存在所謂「半自由民」這種中間區域，「半自由民」云云實在是太牽強了。無論是存心製造術語，還是將我們的範疇與過去的範疇混爲一談，將一時的看法視爲永恆的標準，強加給歷史的術語最終會變得面目全非。唯有廢棄它們，捨此別無他途。

「資本主義」曾是一個很有用的詞，但在廣泛運用後它的含義就越來越模糊不清了，如能剔除這些模稜兩可的含義，這個詞仍是很有用的。任意把「資本主義」套用在各個不同的文明社會上，其結果必然是抹殺那些社會原有的特徵。十六世紀的經濟制度是「資本主義」嗎？也許是的，但要知道，當時唯利是圖的風氣瀰漫於整個社會，從上層到下層，從小店主、鄉村公證人到奧格斯堡和里昂的大金融家概莫能外。然而，當時人們對借貸和商業投機的重視遠遠超過開辦工廠，可見文藝復興時期的「資本主義」，在人文結構上，與近代有組織的大工業生產體制及工業革命時期的聖西門式工業體制都是完全不同的。

無論如何，只要指出一個事實就足以引起我們的警惕，如果就「資本主義」論資本主義，也就是說不指任何階段的資本主義，而指資本主義本身，即帶有大寫C的資本主義，那麼，這制度又始於何時呢？十二世紀的義大利嗎？十三世紀歐洲西部的佛蘭德嗎？始於富格爾家族時期（十五世紀、十六世紀）的安特衛普交易所嗎？還是十八世紀乃至十九世紀呢？有多少歷史學家，就會有多少資本主義的出生證。資產階級產生於何時，也有各式各樣的說法。中學教科書對資產階級的興起評價很高，但始於何時又說法不一，爲了方便教學就歸爲兩類，要麼說始於腓力四世（美男子）統治時期或路易十四時代，要麼定於一七八九年或一八三〇年。難道前後不是同樣的資產階級或同樣的資本主義嗎？

這樣，就擊中了問題的要害。豐特奈爾曾一針見血地說：「萊布尼茨曾對其術語下過精確的定義，可這樣一來，他就被剝奪了偶爾濫用這些術語的愜意的自由。」愜意或許有之，危險也必定存在，對這種所謂的自由，我們實在是太熟悉了。歷史學家很少對術語加以定義，也許他認爲沒必要這麼謹慎，或者認爲被運用的詞彙本來就經過嚴格的定義。然而，事實並非如此，即使在使用一些關鍵性詞語時，也大都受本能的支配，他任意擴充、限定乃至歪曲了詞義，卻不向讀者說明，甚至連他自己也未必完全清楚。從中國到荷馬筆下的古希臘，世界各地的「封建主義」究竟指什麼呢？在大多數情況下，它們之間的相似之處實在不多，這是因爲每一位歷史學家對「封建主義」都有自己的理解。

然而，即便我們加以定義，通常也是各有各的定義。經濟學家約翰·梅納德·凱恩斯的思維敏銳，見解獨到，以他爲例最能說明這個問題。幾乎在凱恩斯每本著作的卷首，他都要將一些含義很明確的詞彙占爲己有，賦予它們新的含義，而同一個詞在其不同的著作中又有不同的含義，且有意與通常的詞義相異。由於長期以來一直與小說、戲劇之類的純文學並列，人文科學似乎在其奇幻的思路裡還保留著頑強的藝術個性。難以想像一位化學家會說：

「必須由兩種元素組成一個水分子，一類有兩個原子，另一類有一個原子。在我的詞彙表中，前者應叫氫原子，後者應叫氧原子。」而無論怎樣定義，永遠也不可能把歷史學家各具個性的語言放在一起，形成一類歷史學的語言。

事實上，有些專家小組（語言學家、人種學家、地理學家）在這方面已努力做了些有計劃的嘗試，相對來說，這些學科還比較年輕，似可避免那些傳統的陋習。歷史學也可由此獲益，作爲整體綜合的中心，它總是善於提供服務和實例。我們寄望於他們，更希望這種良好的願望能被大家接受。無疑地，透過不斷地理解，我們能夠澄清術語的含義，逐漸使定義更加明確，這一天終會到來。即使到那時，學者的個性也還會反映在詞語的選擇上，除非他像編年大事紀的作家那樣逐月逐日地蹣跚而行。

時代的畫分往往以統治者的更替、王朝的征服爲界，中世紀人們的集體記憶總離不開《聖經》中有關亞述、波斯、希臘和羅馬四大帝國的神話。如果說它也算一種歷史體系的話，那麼這種體系也是十分牽強的。它以宗教文獻爲根據，不僅延長了虛構的羅馬統一之幻想，而且降低了耶穌受難在人類歷史進程中的地位，其重要性還不如羅馬邊省掠奪者的一次勝利。在當代歷史學家看來，這簡直是基督教社會的一個奇怪悖論。在民族史中，國王的更替就成爲分期的界線。

這種習慣根深柢固，一九〇〇年左右法國史學派的代表作《法國史》，仍然以王朝的更替、君主的去世作爲線索，把這些視爲重大事件，記載得十分詳細，並以此作爲歷史的間隔號。當歷史上不再有國王時，人們就以政府爲線索，好在政府也是會垮台的，於是革命就成了歷史分期的標誌。最近，有許多歷史教科書根據國家的優勢來畫分近代歷史，而這所謂「優勢」不過是昔日「帝國」的改頭換面而已，更無須指出，那種畫分法實質上是指西班牙、法國、英國在外交和軍事上的「霸權」。反正，想怎麼畫分就能怎麼畫分。

然而，早在十八世紀，人們就對這種歷史提出了異議。伏爾泰寫道：「在高盧的四百年間，似乎除了國王、大臣和將軍，其他事物都不值一提。」後來，逐漸出現新的歷史分期法，它擺脫了帝國和王朝的束縛，以重要的歷史現象爲依據。例如現在既把「封建主義」作爲時代的標誌，又把它作爲社會制度的標誌，其中尤以「中世紀」一詞最富有啓發性。

「中世紀」在古老的詞源裡就帶有「中間」的意思，它原是半異教先知書中的用語，他們在十三世紀曾吸引了許多精神困惑的人。基督轉世標誌著舊世界的終結，但是天國尚未建立，人們仍在爲那一天的到來而努力，所以現階段只是一個中間時期。早期的人文主義者顯然很熟悉這個具有宗教象徵意義的詞，卻挪用這個詞來指人間俗世，在他們看來，從某種意義來說，聖靈的王國已經降臨，那就是古典思想和文學的「復興」，它使許多傑出人物爲之傾倒，例如拉伯雷和龍薩。「中世紀」已經結束，它只是代表從豐富多彩的古典世界到新時代之間漫長的過渡階段。這種說法一開始並不流行，幾十年來只在少數幾個學術圈子裡爲人稱道。直到十七世紀末，德意志有一位文風樸實的作家克里斯道夫·凱勒，他在自己寫的通史中，用「中世紀」一詞來表示始於羅馬帝國滅亡、止於文藝復興初起的這段歷史。不管它是透過什麼渠道傳播出去的，反正這種「中世紀」的畫分法不久就爲歐洲史學界所接受，尤其在基佐和密芝勒時代，法國的歷史編纂學更是如此。

伏爾泰不知道這種歷史畫分法，他在《論各國的立國精神和禮俗》的開頭寫道：「人們希望最終能克服對羅馬帝國衰亡後近代歷史的厭惡。」而他這部著作對後世影響極大，其中的論點對後來普及「中世紀」以及與之對應的「文藝復興」畫分法有相當的影響。後者作爲一個普通名詞時，一般指藝術史上的復興運動，而且往往帶有一些定語（如利奧十世或法蘭西斯一世時期的文藝復興）。但在密芝勒之前不久，大寫的「文藝復興就標誌著整整一個時代」了。「中世紀」和「文藝復興」是兩個時代在觀念上是順理成章的，頻仍的戰爭、宮廷政治、王朝的興亡構成了中世紀的總體框架，藝術、文學、科學在其中的地位微乎其微；文藝復興則與之相反，它是人類精神最完美的體現，人文精神的發揚光大成爲這個歷史性時代的主旋律。在「文藝復興」這個觀念上，最明顯地打上了伏爾泰的印記。

但是，有一個嚴重的缺陷使「中世紀」、「文藝復興」分期法露出了破綻。揭示鮮明的特徵，也就包含了判斷定性。「歐洲社會掙扎於宗教暴政和軍事獨裁之間，在血與淚的苦海中等待著啓蒙的曙光爲它帶來自由、人道和德行。」孔多塞如是描繪這段歷史，人們對此毫無異議，於是就命名爲「中世紀」。一旦我們不再相信中世紀是一片「黑暗」，多少年來那裡也並非滿目瘡痍，那時曾有過豐富多彩的技術發明、藝術創造、思想情感和宗教見解，歐洲的經濟最早就在那時開始擴張，歐洲的民族主義也萌芽於其間，還有什麼理由能在那種荒謬的概括下把那段歷史（中世紀）一筆抹殺呢？不能把克洛維統治時期的高盧和腓力四世（美男子）統治下的法國混爲一談，又怎能將阿爾昆、托馬斯、奧康姆之類牲畜一般的「蠻族」所擁有的珠寶，與查特斯堡的雕塑，與加洛林王朝時期熱鬧的市鎮，與熱那亞、布魯日和呂貝克新興的資產階級混爲一談呢？實質上，「中世紀」一詞只有低級的教學功能，可作爲學校課程安排的一種方便說法，或者可作爲知識技能的一種標誌，而傳統的分期法又往往對其範圍定義得不夠明確。一個中世紀專家應該能解讀古文獻、考證特許狀，和掌握古法語。具備這些能力當然很重要，但是，面對一門眞正的科學，要研究其精確的分期法，光靠這些素質還是遠遠不夠的。

談到年代分期的混亂，最近還有一種時髦的傾向，人們喜歡以世紀來標誌時代，我以爲這種傾向有弊無利，因爲它缺乏合理的基礎。

「世紀」一詞早就與精確的年代列舉法脫離了關係，其詞源帶有神祕的暗示，並且與《第四牧歌》和《末世經》裡的那個詞發音相似。當歷史學得意而緩慢地度過「伯里克利世紀」或「路易十四時代」時，或許它並不在乎年代的精確性。這種觀念至今仍未完全消失，然而我們的語言已變得更爲精確，不再以英雄的名字作爲時代的標誌。從某一特定的年分或從西元一世紀開始，我們仔細地以每百年爲單位進行推算，於是，十三世紀的藝術、十八世紀的哲學、「愚蠢的十九世紀」出現了，這類戴著數字面具的臉在歷史著作中時隱時現，誰敢誇口說自己從未受其誘惑，從未由於貪圖方便而淪爲它的犧牲品呢？

以「01」年結束的歷史分期法，最好能與人類歷史發展的轉折點正相吻合；不幸的是，沒有一條歷史法則能證明這一點，因此就產生了一些可笑的曲解。不久前，我在一個學生的考卷上讀到這句話，「十八世紀始於一七一五年，止於一七八九年。」我不知道這是出於天眞無知還是故作聰明，不管怎樣，這正清楚地暴露了以世紀來畫分歷史時期的怪誕之處。說什麼「十八世紀的哲學」，其實這種哲學早在一七〇一年之前就產生了。《神諭的歷史》發表於一六八七年，培爾的《歷史與批判辭典》於一六九七年問世。名稱總代表一定的意思，亂貼商標必然引起商品混亂，這是最糟的事情。中世紀專家常說「十二世紀的文藝復興」，那時的確發生過一場偉大的思想運動，然而，若這樣來表述，就很容易使人忘記這場運動實際始於一〇六〇年，因此忽略了某些重要的聯繫。總之，我們似乎是要把任意選擇的、如鐘擺一般千篇一律的節奏強加給歷史，這種所謂的規律性與歷史本身的發展是完全不相符的，也是行不通的。在這方面，史學界的確做得不夠完善，我們必須設法加以改進。

只要我們的研究界定在時間的序列和現象的範圍內，那麼，不管這段時間的長短如何，問題就變得十分簡單了。應根據現象本身來畫分適當的階段，不是有「腓力二世時期的宗教史」和「路易十五時期的經濟史」嗎？爲什麼就不能有路易．巴斯德的「格雷維總統第二次任期內我的實驗室日誌」呢？或者相反，「從牛頓到愛因斯坦時期的歐洲外交史」又怎麼樣呢？

當然，不難理解，以帝國、國王或政權作爲歷史分期的標誌自有其潛在的吸引力，它們具有某種威望，這與長期以來權力的行使密切相關。誠如馬基維利所言：「這種行爲具有政府或國家法令特有的威嚴。」何況，一次登基、一場革命往往發生在某年甚至在某日，而學者又喜歡明確的日期。這種分期法既能減輕對敘述含糊不清的本能恐懼，又能借此聊以自慰。他希望讀到並能核實與課題有關的一切，如能手執日曆翻閱文獻，將它們分爲「之前」、「其間」或「之後」，那眞是太輕鬆啦！

注意！不要去崇拜虛假的精確偶像，最精確的測定未必是最小的時間單位，而是最能反映事件本質的東西。在時間上，我們總認爲一年比十年更精確，甚至認爲一秒比一日更精確。每一事物均有其特殊的衡量標準，也就是說自有一套特殊的「十進位」。社會結構的變遷，以及經濟的、信仰的和思想傾向的變遷，都不可能與編年的順序完全同步，否則，就必然要歪曲歷史。大約在一八七五年至一八八五年，西方的經濟發生了非常深刻的變化，其標誌是首次從海外進口大量的小麥和德美工業第一次大幅度增長。我這樣寫，是以事實所允許的最近似的年限爲依據的。如果還要舉出所謂更確切的日期，就會與事實相悖。即使是以十年爲單位進行統計的平均數，也未必比一年或一週的平均數更爲粗糙。它不過是反映了現實的另一個方面而已。

而且，某些歷史現象的發展階段在表面上似乎是大相逕庭的，在實際的進程中卻並非不可能互相重疊。法蘭西第二帝國的誕生是否迎來了新經濟時期呢？桑巴特認爲，資本主義的興起就意味著新教精神的勃發，這有沒有道理呢？蒂埃里．莫尼埃發現，民主政體正是同樣的資本主義（雖然在我看來未必完全相同）在「政治上的表現」，這又對不對呢？無論這種巧合是多麼令人懷疑，我們也絕不可讓頭腦僵化，將這類觀點拒之門外。只是不應在事先就假定這種聯繫。漲潮退潮確實與月亮的圓缺有關，然而，要了解其中的關係，首先必須分清楚潮汐的週期和月相變化的規律。

反之，若從整體來考慮社會的發展，能否將其視爲連續的階段呢？重要的問題在於發現主旋律。在此，只能提出一些或許可行的分期法。不要忘了，歷史學作爲一門科學仍然處在分娩的狀態。

在同一時期和相同的社會環境中出生的人必然受到類似的影響，在思想尚未定型的年齡更是如此。經驗證明，無論是對一組較年長的人還是對一組較年輕的人進行考察，他們的行爲通常都會清楚地表現出某些引人注目的特徵。即使在他們的觀點截然相反時也同樣如此，當他們互爲對立並就某一問題激烈爭論時，也反映出相同的行爲特徵。相同的烙印來自相同的時代，從而造就了「一代」人。

社會不是單一的事物，它分成不同的社會階級，而同一代人並不總是同一階級的人。影響一個青年工人的各種社會力量，對一個青年農民難道也會起同樣的作用嗎？即使在聯繫最緊密的文明社會，思想的傳播也是相當緩慢的。我父親一八四八年生於斯特拉斯堡，他曾說：「我年輕時，那些在巴黎已過時的東西，在外省卻十分時髦。」這個例子表明，透過對比無非顯示一方滯後於另一方。當人們說法國這一代人、那一代人的時候，就等於在提出一個複雜的甚至是自相矛盾的概念；不過，其中當然包含著共有的主導因素。

儘管某些作家抱有畢達哥拉斯式的幻想，但「代」的分期顯然不是那麼均衡的，社會變化的節奏時快時慢，「代」的期限也時長時短。歷史上有些「代」較長，有些則較短，要透過研究才能發現「曲線」的轉折點。我的大學註冊日自然可以算一個轉折點。我早就發現，在許多方面，我與高一級的同學很相似，而與下一級的同學則不同，我們班同學自稱是最後一批屬於「德雷福斯案件」時代的人。生活的經驗與這種想法並不矛盾。

代與代之間難以互相滲透，因爲在同樣的影響下，個人會做出不同的反應。對於我們的孩子，很容易根據年齡把他們分爲戰前的一代和戰後的一代。當然，也不能一概而論，那些介於青年與童年之間的少年人，對事件的感受就會因各自的性情而異，早熟者實際上屬於「戰時的一代」，反之則屬於「戰後的一代」。

因此，「一代」這個概念極有彈性，任何想要正確反映人類事務的概念莫不如此。它與人們感受到的具體現實相對應，有些學科如「思想史」、「藝術流派史」等早就本能地應用「代」來畫分時期，由於這些學科的性質，它們特別厭惡以王朝和政府爲標誌的歷史分期法，漸漸的，就必然向理性地分析人類發展史邁出了第一步。

然而，「一代」僅僅代表一個相對較短的時期，長時期就稱爲「文明」。

呂西安·費弗爾使人們了解「文明」這個詞的歷史，而這個詞的歷史顯然不能同這個觀念的歷史相分離。「文明」這個概念是緩慢地與價值判斷相區別——更精確地說，是相分離的。我們還是從文明的本義出發，把它視爲一種理想，視爲人類通往太平盛世的艱難階梯（可嘆的是，我們已不像前輩那麼充滿自信了）。但是，我們又把「文明」視爲複數的形式，視爲一種現實的存在。從這點出發，我斗膽說：必須承認，存在著由不文明的人組成的「文明」。因爲，無論是什麼性質的社會，一切事物都是互相制約、互相聯繫的，政治、經濟的結構與信仰及思想最基本、最微妙的反映都概莫能外。基佐曾寫道：「在其中心，各種勢力交織在一起。」應把這種複合物叫做什麼呢？十八世紀創造了「文明」一詞，以代表盡善盡美的境界，隨著人文科學變得越來越具有相對性，雖然「文明」還未失去它的原意，但也已經適應新的含義。它的原意只是作爲人類理想的回聲而被保留下來，其價值也不容忽視。

比較一下域外文明的特徵，文明的對立面就會清楚地表現出來。今天，誰能否認存在著一個中國文明呢？誰又能否認中國文明與歐洲文明大不相同呢？即使在同一區域內，社會複合體的主要形態也會突然發生程度不同的變更，一旦發生這種變更，我們就稱之爲一種文明接替了另一種文明。有時會發生外部的震盪，它通常伴隨著新的人爲因素的介入，從羅馬帝國到典型的中世紀社會都有這種現象。有時僅僅發生內在的變化。儘管我們從文藝復興中繼承了豐富的遺產，但誰都明白，文藝復興時期的文明不等於當今的西方文明。當然，要表現這變化的色彩也絕非易事，我們無法用概括性的標籤來加以表述。「主義」之類的後綴詞用起來雖然方便，但「Typismus、Konventionalismus這類的生造詞，卻使卡爾．朗普勒西特的《德意志史》在描繪歷史演變時所做的一些明智的嘗試付之東流。泰恩早些時候也犯過同樣的錯誤，他的著作裡有一些只有他自己才明白的「起主要作用的概念」，這使今人大為吃驚。然而，不能因為某些嘗試的失敗就放棄這種努力。將歷史的特徵表述得更為精確是研究工作的分內之事。

總之，人類的時間不會千篇一律地永恆不變，也無法像鐘錶計時那般劃一死板。事實要求的測量標準能適應其節奏的變化，界限又要有很大的迴旋餘地。有了這種可塑性，歷史才有希望進行分類，也就是如柏格森所言，逼近「現實的輪廓」。嚴格地說，這也是任何科學的最終目標。

第五章　歷史的因果

實證主義徒勞地宣稱要將「原因」這個概念從科學裡根除出去。不管是否願意，任何物理學家、生物學家都要用「爲什麼」、「因爲」這些詞來進行思考，史學家也無法回避這些共同的思維規律。有些歷史學家如密芝勒傾向於將歷史描繪成偉大的「生命運動」，而不是按邏輯的模式進行解釋；另一些歷史學家卻喜歡炫耀他們的歸納和假設。遺傳的聯繫使事物一脈相承，我們本能地要求了解由因果聯繫所確立的事實，但這並不是說可以完全憑直覺來從事研究。如果因果關係玄虛難辨，那麼，就需要自覺地用批判的方式論述一下如何利用因果關係，將它作爲歷史認識的工具。

假設某人沿著山路行走，不慎摔了一跤，從懸崖上掉了下去。事故是由很多因素造成的，如重力作用、因長期地質變遷形成的地形、還有那條從某村莊通往夏季牧場的山路等等。如果天體力學法則是另一種說法，地球的演變不是現在的樣子，如果牧群的季節性遷徙也不是高山地帶的經濟基礎，那麼就完全有理由說，這場事故肯定不會發生。然而，在調查事故原因時，任何人都會答道：「失足」。「失足」並不是事故發生的唯一必要前提，其中還存在許多必要的條件；但是「失足」這個前提卻具有一些引人注目的特徵，從而與其餘條件區別開來。它是最後才發生的，從常規看來，它又是最短暫、最意外的因素，也是最可能避免的。由於以上原因，「失足」直接造成了這場事故，人們自然感到這才是事故唯一的眞正原因。人們在談論原因時，常用擬人的說法，從一般的觀點來看，這最後一刻的因素，也就是特殊的難以預料的因素，就好比雕塑家在材料全部準備好之後進行的一次性成型。

歷史的推理在當代實踐中與上述做法並無二致，不管這有多麼必要，那些最常見、最普遍的前提條件仍然往往不被人們注意。地心引力對形成炮彈的拋物線的作用，人體的生理構造與子彈如何擊中要害的關係等，在分析戰爭勝利的因素時，軍事史家會考慮這些因素嗎？爲了方便起見，人們把比較特殊的、持續時間較長的前提稱爲「條件」，而把那些與總體作用力相異的因素歸到「原因」名下。例如，安德魯．博納．勞爲英國首相時發生了通貨膨脹，人們會說：這就是物價全面上漲的「原因」；而在經濟情況較好的法國，那只能算一個「條件」。濫發紙幣使貨幣貶值，導致物價上漲，它是通貨膨脹的先決條件，又延長了通貨膨脹的時間。

無疑地，應有一條可信的原理可以用來研究這種區別。詳細論述普遍的前提條件又有什麼用呢？這類現象實在太多，難以在它的譜系圖上爲哪一個留下特殊的位置。我早就知道，空氣中缺氧就不能燃燒，而我的興趣在於發現火是怎樣被點燃的。彈道原理既能說明戰敗也能說明戰勝，正反都可以解釋，因此，在解釋勝負原因時它是無濟於事的。

然而，把原因分成各種等級只是爲了便於思考，而不能將分類絕對化。現實具有無限的多樣性，各種因素往往匯集在一起而作用於同一事物，我們會發現某些因素很有特性，實際上它們也值得人們注意，但這總是一種選擇，在所謂與「條件」對立的「重要的原因」這一概念中，顯然含有非常任意的成分。西米昂相當講究概念的精確性，他曾試圖給概念加上十分嚴格的定義（在我看來他的嘗試沒有成功），最後也不得不承認這種區分具有極大的相對性。他寫道：「在醫生看來，時疫的原因在於細菌的繁殖和由貧困導致的骯髒及體質虛弱。在社會學家看來，貧困才是『原因』，生物因素只不過是『條件』。」這就坦率地承認，觀察的重點取決於特定的研究角度。請注意，在進行歷史研究時，人們往往迷戀於尋找單一的原因，便錯誤地將原因歸結於某一個，這樣，就成爲一種價值判斷。法官常說：「誰對誰錯呢？」學者則滿足於提問：「爲什麼？」他承認答案不會那麼簡單。無論是一般的偏見，或是邏輯學家的假設，還是律師起訴的習慣，原因一元論對歷史研究都是有害無益的，歷史學就是要探索錯綜複雜的原因，它並不害怕發現原因的多元性，因爲生活本身就是多元的。

歷史事實在本質上是心理上的事實，因此能在其他心理的事實中找到它們的前提條件。誠然，人類的命運建築在自然界之上，並必然受到自然界的影響。然而，即使外部的干預十分強烈，人和人的思想也能減弱或加強它的作用。黑死病的病毒是使西歐人口驟減的主要原因，但正是在一定的社會條件下，疫情才會如此迅速地蔓延。所以，從內在的本質看，這也是由思想條件造成的，只有透過研究集體情感的特殊傾向，才能解釋它的道德後果。

然而，沒有一門心理學以純意識爲限。讀了某些歷史書會使人感到人類似乎具有合乎邏輯的意志，行動的理由也毫無神祕難解之處。只要看看對人們心理狀態和潛意識的調查實況，就會進一步證明那種永恆的困難，多種科學在試圖互相保持同步前進時對這種困難都有所體驗。有一種過時的經濟理論，其中有一個錯誤時常遭到人們的抨擊，在此，且以誇張的形式重提一次：所謂「經濟人」，是一個空洞的幻影，因爲在設想中他一心只顧自己的利益，更荒唐的是，他被想像成能夠形成關於自我利益的清晰概念。拿破崙曾說：「最難得的莫過於計畫。」當前，壓抑沉悶的精神氛圍籠罩著我們，這難道是來自我們心靈中的理性成分嗎？如果，不論在何時何地總是把原因歸爲動機，那麼，必然會大大歪曲歷史的原因。

在不少歷史學家的觀念中存在著可笑的矛盾，當需要確證某事是否眞的發生過時，他們不去做刻苦的研究，卻提出一些理由，這些理由無非是極膚淺的表面現象，而且往往以一些平庸的心理學準則爲依據，而這些準則也未必比其對立面更具有說服力。

德國的格奧爾格·齊美爾和法國的弗朗索瓦·西米昂都是批評家，在哲學上均頗有造詣，他們曾揭露過一些人的「預期理由」來聊以自娛。一位德國歷史學家曾寫道：埃貝爾派一開始完全擁護羅伯斯庇爾，因爲他滿足了該派的願望。後來，埃貝爾派又和羅伯斯庇爾決裂，因爲該派認爲他的權力太大了。正如齊美爾所指出，這實際上暗示了兩個前提：恩惠引起感激，人民不願意被統治。這兩個前提不一定是假的，但也不一定是眞的。同樣，也會有如下的可能性：過分遷就一個派別的要求，結果反而使他們蔑視你的軟弱，而不是對你感恩戴德。另一方面，哪怕是出現稍微冒犯權力的反抗，某些獨裁者不是也要加以鎭壓嗎？一位學究氣十足的哲學家曾把權威比喻爲：「它是一個蠟鼻子，不是向左歪，就是向右斜。」通常所謂眞實的心理也無非是這麼回事。

這是一種與虛假的地理環境決定論大致相似的錯誤，現在，地理環境決定論已沒有市場了。無論是在自然條件下，還是在社會條件下，人類的進程不會像時針那樣一直朝著同一方向前進。勒南曾提出與衆不同的觀點，他指出：沙漠地帶也未必一定信仰同一種宗教，因爲居住在沙漠中的人並不以同樣的精神對待周圍環境。缺水的區域反而會聚集農業人口，水源豐富的地方卻人口稀疏。除非人們眞正把靠近泉、井、塘作爲頭等重要的大事，否則，人們往往首先考慮安全或合作，甚至僅僅是爲了群居，而不願與其他部落靠得太近，哪怕那裡有豐富的水源；或者相反，如撒丁地區，人們把住所造在自己的小花園中間，他們喜歡離群索居，而寧肯繞遠路去打水。實際上，人類本身不正是千變萬化且難以捉摸的嗎？

但是，請不要誤解，在這種情況下，錯誤也不在於解釋本身，而在於先驗地接受任何解釋。迄今爲止，上述那種事例並不多見，很可能在一定的條件下，水源的分布決定了人們的居住地點，而沒有其他因素。埃貝爾派的動機或者誠如歷史學家所言，那也不是絕對不可能的。錯誤在於把假設變成了先人之見，它需要證實，我們沒有理由出自偏見斷定那是行不通的。一旦提出證明，就必須深入挖掘，分析原因，分析各種可以想像的心理態勢，從中找出曾經左右整個集團的特殊原因。只要承認思想和情感的反映並不是不言自明的，我們就不得不做出眞正的努力，在思想情感有所反映的地方努力發現它的原因。總而言之，歷史的原因不是想當然的，它需要我們去探索……。

再版後記

十年前的事情已漸漸爲人淡忘，十年前譯的一本小書還能有幸修訂再版，這只能說是譯者借了作者的光。

十年來讀史閱世，學問不見絲毫長進，眼未高，手更低，心氣早已今非昔比，思想的困惑更是有增無減。近日「禽流感」之聲不絕於耳，從人對雞的處置是否多少可以窺見人對人的態度呢？馬克思說：「人體解剖對於猴體解剖是一把鑰匙。」對猴群活體的研究，對人與動物關係的剖析，也未嘗不是一把了解人類歷史和現狀的鑰匙。

馬克．布洛赫頗重視「人心」的研究，可惜他英年早逝，沒能留下這方面的專著。年鑑學派的中堅人物布羅代爾倒是公開承認：「我的歷史觀是悲觀主義的。」「人們每前進兩步，又後退一步，甚至兩步。」年逾八十的湯因比謝世前最後一篇文章的題目是「在黑暗中摸索」。可見「四十不惑」云云，只能是相對而言。仰觀宇宙之大，俯察品類之盛，連耄耋之年的大師也未能斷言已臻於從心所欲的境界。試問今日之天下，誰敢妄稱「掌握歷史的規律」？誰又不是在「摸著石頭過河」？

在上帝眼裡，愛因斯坦也如井底之蛙，然而人類並不會因上帝的嘲笑而停止在黑暗中的探索。雖道是人生碌碌，但棲身井底的凡夫俗子，有時也會情不自禁地舉目窺天，或許這就是本書得以再版的理由之一吧。

人，是歷史的囚徒。歷史，終究是難以忘卻的。

張和聲

二〇〇六年四月於上海師大39舍

二〇一三年版譯後*

翻譯名著，譯者可以借作者的光。重譯名著，新譯可以揩舊譯的油。

拙譯一九九二年出版後，反響不錯，但也有讀者指出，此前曾有過其他譯本，爲何隻字不提。似乎譯者刻意要隱瞞什麼，借這次重版的機會如實交代。當初翻譯時，譯者的確知道有其他譯本在先，無奈沒有本事拿到手，遇到一些難譯的地方只能硬著頭皮死啃。如果當時能拿到前譯，難免會「順」一些東西，但「順」後也可能裝糊塗。君不見坊間多少重譯的名著，又有幾個譯者會坦承「借鑑」過前譯。說得好聽點是「參考借鑑」，上綱上線，也可以指爲「剽竊」，乃至帶上一頂「學術不端」的帽子。不幸也有幸的是，當時即便想「偷」，

---

* 二〇一三版根據Marc Bloch: *Apologie pour L'histrire, ou Métier D'historien*（1949）修訂。——編者注

也無從下手。以我小人之心來度君子之腹，由此懷疑世上許多好人，並非眞正道德高尙，樂於行善，或許只是限於客觀條件，沒有「能力」作惡。不是不起賊心，奈何沒有賊術，心有餘而力不足罷了。否則就很難理解，一些好人，一朝有權有勢，竟會變得那麼不堪。偉人曾言：一個人做點好事並不難，難的是一輩子做好事。其實做一輩子做壞事更是難上加難，無怪乎那些超級大壞蛋往往被崇爲「偉人」，多少信徒雖不能至而心嚮往之。

有言道：翻譯就像女人，漂亮的不忠誠，忠誠的不漂亮。好像女人漂亮就難免出軌，譯文漂亮必有悖原著。其實，既漂亮又忠誠的女人不會沒有，既不漂亮也不忠誠的女人倒也不少。翻譯無非是爲人作嫁，但「作」得好，作者也未嘗不可以借譯者的光。當然，伴娘再漂亮，終究不能搶了新娘的風頭。

張和聲

二〇一二年十一月於春申江畔

馬克・布洛赫 年表

年代	生平記事
一八八六	出生於法國里昂的一個猶太家庭。
一九〇四—一九〇八	就讀巴黎高等師範學校，並在此結識同為年鑑學派的創始人費弗爾。
一九〇九—一九一二	獲得梯也爾基金會的獎助學金，並轉赴柏林大學及萊比錫大學。
一九一四	在法國軍隊服役，被分配到第272預備隊，並參與默茲戰役。
一九二〇	以《國王和農奴》的論文獲得博士學位。
一九二三	參加由Pirenne開設的布魯塞爾國際歷史研究大會（ICHS）。
一九二四	出版《創造奇跡的國王們》。
一九二八	出版《致力於歐洲社會的比較歷史研究》。

年代	生平記事
一九二九	布洛克與費弗爾共同創辦了學術期刊《年鑑》（*Annales d'histoire économique et sociale*），亦開啓了所謂的年鑑學派。
一九三六	承繼昂里．豪塞（Henri Hauser）成為巴黎大學的經濟史教授。
一九三九	再度投筆從戎，為法國的獨立而戰。
一九四〇	未完稿《奇怪的戰敗》與《歷史學家的技藝》，是布洛赫生平最後的兩本書。
一九四二	德軍侵略法蘭西國。布洛赫一家逃離蒙彼利埃，前往在富惹爾鄉村的住所。
一九四三	布洛赫成為一個區域的首領，代號「納博訥（Narbonne）」，主要負責在盟軍預期登陸的法國南部地區進行部署。
一九四四	在一次大規模搜捕中被法國警察逮捕，而後遭到蓋世太保的槍決。

經典名著文庫 103

歷史學家的技藝

作　　者 —— 馬克・布洛赫
譯　　者 —— 張和聲
發 行 人 —— 楊榮川
總 經 理 —— 楊士清
總 編 輯 —— 楊秀麗
文庫策劃 —— 楊榮川
主　　編 —— 陳姿穎
責任編輯 —— 沈郁馨
封面設計 —— 姚孝慈
著者繪像 —— 莊河源
出 版 者 —— 五南圖書出版股份有限公司
地　　址 —— 臺北市大安區 106 和平東路二段 339 號 4 樓
電　　話 —— 02-27055066（代表號）
傳　　眞 —— 02-27066100
劃撥帳號 —— 01068953
戶　　名 —— 五南圖書出版股份有限公司
網　　址 —— http://www.wunan.com.tw
電子郵件 —— wunan@wunan.com.tw
法律顧問 —— 林勝安律師事務所　林勝安律師
出版日期 —— 2019 年 10 月初版一刷
定　　價 —— 320 元

國家圖書館出版品預行編目資料

歷史學家的技藝 / 馬克・布洛赫（Marc Bloch）著，張和聲譯. -- 初版. -- 臺北市：五南，2019.10
面；公分
譯自：Apologie pour l'histoire ou métier d'historien
ISBN 978-957-763-648-5（平裝）

1. 史學　2. 史學方法

601　　108014852